TIERE & PFLANZEN
ERKENNEN UND BESTIMMEN

PFLANZEN

Sporenpflanzen
Pilze, Flechten, Moose
Schachtelhalme, Farne
Blütenpflanzen
Kräuter, Gräser
Sträucher, Bäume

TIERE

Weichtiere, Gliedertiere
Wirbeltiere
Fische, Amphibien
Reptilien, Vögel, Säugetiere

Die Autorin **Dr. Christine Jaitner,** geboren 1952, studierte in Innsbruck Zoologie und Systematische Botanik. Sie promovierte auf dem Gebiet der Protozoologie.

Impressum
Ausstattung:
390 Abbildungen
7 Farbtafeln
6 Illustrationen

Alle Rechte vorbehalten
Farbtafeln und Illustrationen: Heinz Schwanninger, Absam
Originaltitel "Erlebnis Naturführer - Pflanzen und Tiere sehen und verstehen",
© 1992 by Fleischmann & Mair GmbH, Innsbruck/Rum
Umschlaggestaltung: HP-Graph unter Verwendung von 2 Fotos aus dem Innenteil und einem Foto aus CD-Pflanzenwelt, und einem Hintergrundbild von The Image Bank
Lizenzausgabe unter neuem Titel © 1997 by Tosa Verlag, Wien
Printed in Spain

Lieber Naturfreund!

Um möglichst viele Tiere und Pflanzen bei einem Spaziergang erkennen und bestimmen zu können, ist dieser Naturführer geschrieben worden. Er enthält 167 Pflanzenarten (Pilze, Flechten, Moose, Farne, Schachtelhalme, krautige Blütenpflanzen, Sträucher und Bäume) und 184 Tierarten (Schnecken, Muscheln, Spinnen, Weberknechte, Tausendfüßler, Regenwürmer, Insekten, Fische, Amphibien, Reptilien, Vögel, Säuger). Da aber die textliche Beschreibung zu einer eindeutigen Bestimmung der Individuen nicht ausreicht, sind die Photographien so ausgewählt, daß sie die Individuen möglichst farbgetreu und in ihrer natürlichen Umgebung wiedergeben. Die Blütenpflanzen sind zuerst nach Blütenfarben sortiert, sonst, wie alle übrigen, systematisch gereiht.

Die Benennung der Individuen setzt sich zusammen aus dem deutschen Namen und der (nach Linné) binären Nomenklatur, d. h. aus dem Gattungsnamen und der Bezeichnung der Art. Auch finden Sie die dazugehörigen Familien.

Es sind Hinweise auf Merkmale, Nahrung, Fortpflanzung, Vorkommen und Besonderheiten enthalten. Die Abschnitte "Gefunden am", "Beobachtet am" und "Ort" bieten Ihnen die Möglichkeit, Ihre Beobachtungen in der Natur sofort eintragen zu können.

Viel Freude beim Erkennen und Bestimmen der Pflanzen und Tiere!

Dr. Christine Jaitner

Pflanzen

Pilze — Seite 7
- eßbar
- bedingt eßbar
- ungenießbar
- giftig

Flechten · Moose — Seite 56
Schachtelhalme · Farne

Blütenpflanzen — Seite 67

Blütenfarben

Gräser — Seite 130

Laub- u. Nadelgehölze — Seite 137
(Sträucher, Bäume)

Farbleitsystem TIERE — *Seite 183*

Farbleitsystem Pflanzen

Begriffserklärungen Pflanzen:

† — giftig
⚠ — geschützt
R1 — vom Aussterben bedroht
R2 — stark gefährdet
R3 — gefährdet
R4 — potentiell gefährdet
♂ männlich
♀ weiblich

einhäusig — männliche und weibliche Blüten auf einer Pflanze
zweihäusig — männliche und weibliche Blüten auf verschiedenen Pflanzen

Vollkommen geschützt: Diese Pflanzen dürfen nicht von ihrem Standort entfernt, beschädigt oder vernichtet werden. In frischem Zustand dürfen sie nicht übertragen, erworben, befördert oder verkauft werden. Der Schutz bezieht sich auf alle Pflanzenteile.

Geschützt: Die Pflanzen sind in einzelnen Ländern unterschiedlich vollkommen oder teilweise geschützt.

Teilweise geschützt: Der Schutz beschränkt sich auf Zeiten, Entwicklungsformen, Orte und Teile und auf den Schutz vor gewerblichem Handel und Sammeln.

Einhäusig: Männliche und weibliche Blüten auf einer Pflanze.

Zweihäusig: Männliche und weibliche Pflanze.

Zwittrig: Eine Blüte mit männlichen und weiblichen Pflanzenteilen.

Spirre: Blütenstand der Binsen und Riedgräser; die oberen Zweige des Blütenstandes werden von den unteren übergipfelt.

Zygomorph: Blüte kann durch Schnitt in 2 spiegelgleiche Teile zerlegt werden.

Unterständiger Fruchtknoten: Fruchtknoten befindet sich unterhalb des Blütenbodens.

Oberständiger Fruchtknoten: Fruchtknoten befindet sich oberhalb des Blütenbodens.

Windblütig: Blüte wird durch den Wind bestäubt.

Hüllblatt: Kelchblatt.

Spreite: Blattfläche.

Wedel: Blätter der Farne.

Wickel: Junge, eingerollte Blätter oder Blüten.

Nodien — Internodien: Stengelknoten — Zwischenraum zwischen 2 Stengelknoten.

Sorus: (Sori pl.) Gesamtheit der Sporenkapseln eines Häufchens, oft unter gemeinsamem Schleier.

Sporophyll: Sporoentragendes Blatt oder Ständer.

Rhizom: Unterirdische, horizontale Speichersprosse.

Endemisch: Die Pflanze kommt nur innerhalb eines bestimmten Gebietes vor.

Symbiose: Enges Zusammenleben zweier Lebewesen zum gegenseitigen Nutzen.

Wissenswertes über Pilze

Die Pilze, die im Wald gefunden werden, stellen nur einen Teil der eigentlichen Pflanze dar. Sie bilden den **Fruchtkörper,** der zur Aufgabe hat, eine riesige Menge Sporen zu bilden, die dann vom Wind verbreitet werden und zur Erhaltung der Art dienen. Die Fruchtkörper sind oft nur sehr kurzlebig, wenige Stunden oder Tage. Der eigentliche Pilz lebt als feines Gespinst oder **Mycel** im Boden. Es besteht aus langen, oft auch verzweigten Zellen, die zu Fäden aneinandergereiht sind. Diese Fäden nennt man **Hyphen.** An der Basis der Fruchtkörper entstehen durch Zusammenschluß vieler Hyphen dicke Mycelstränge oder **Rhizomorphen.**

Pilze ernähren sich von abgestorbenem Material; deshalb heißen sie **Saprophythen** oder Fäulnisbewohner. Sie tragen neben Bakterien und anderen Mikroorganismen entscheidend dazu bei, daß Holz, Laub, pflanzliche Teile etc. abgebaut werden, so daß andere Organismen wieder Nutzen davon haben. Die meisten Pilze sind dieser Gruppe zuzuordnen.

Daneben gibt es **Schmarotzer,** die ihre Nahrung direkt von der Wirtspflanze beziehen, und **Mykorrhizapilze,** das sind Pilze, die in einer engen Lebensgemeinschaft mit anderen Pflanzen leben, und von der beide Teile einen Nutzen haben, genannt werden.

Es ist klar erwiesen, daß Pilze einen großen Beitrag im Gleichgewicht der Natur liefern. Es sollten also nicht mehr Pilze gesammelt werden als unbedingt erforderlich.

Folgende Pilze dürfen nur in geringen Mengen gepflückt werden: alle Morcheln, Pfifferlinge, Birkenpilze, Rotkappen, Steinpilze, Brätlinge.

Die höher organisierten Pilze unterscheidet man in **a) Ascomyceten** und **b) Basidiomyceten.**

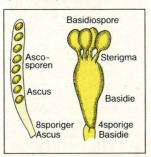

zu a)
Die Ascomyceten oder Schlauchpilze bilden kleine **Asci** oder Schläuche aus, in denen meist 8 Sporen gebildet werden (nur unter dem Mikroskop sichtbar, in $1/1000$ mm gemessen).

zu b)
Die **Basidiomyceten** oder Ständerpilze entwickeln Sporenständer oder **Basidien,** die keulenförmig sind. Meist 4 Sporen werden von fingerförmigen Ausstülpungen, **Sterigmen,** abgeschnürt.

Beide Formen der Sporenbildner stehen dicht und bilden eine dicke Fruchtschicht, das **Hymenium.** Bei den Lamellenpilzen findet sich das Hymenium auf den Lamellen der Hutunterseite. Bei den Röhrenpilzen kleidet es die Innenseite der Röhren aus. Der schalenförmige Fruchtkörper der Becherlinge ist innen vom Hymenium überzogen. Somit ist die Lage der Fruchtschicht ein wichtiges systematisches Kennzeichen.

Um eine möglichst große Anzahl an Sporen bilden zu können, ist die Oberfläche des Hymeniums mit zu Stacheln, Leisten, Falten oder Röhren vergrößert. Reife Sporen werden mit Hilfe von Wasser fortgeschleudert, um unter günstigen Bedingungen ein neues Mycel zu bilden. Die Form der Sporen, die Farbe und Oberflächenbeschaffenheit sind artspezifisch und dienen der Systematik.

Aufbau des Fruchtkörpers

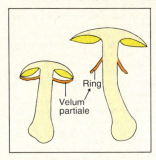

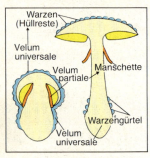

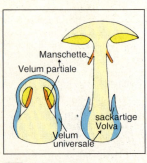

■ = Teilhülle (Velum partiale)
■ = Gesamthülle (Velum universale)
■ = Lamellen

Velum universale: Hülle, die den Jungpilz vollkommen umschließt.

Velum partiale: Hülle, die zwischen Stiel und Hutrand verläuft und den **Hymenophor** (= Lamellen oder Röhren) schützt.

Durch das Längenwachstum wird das **Velum universale** zerrissen, und es entsteht dabei die **Volva** (Scheide) der Knollenblätterpilze, die warzenförmigen Reste an den Knollen der Perl-, Panther- und Fliegenpilze sowie die Hutschuppen. Diese Reste und deren Ausbildungen stellen entscheidende Bestimmungsmerkmale dar.

Der **Ring** oder ringartige Reste gehen aus dem **Velum partiale** hervor.

Form und Beschaffenheit von Hut und Stiel bilden wichtige Bestimmungsmerkmale. Jedoch muß hier auf eine große Variationsbreite unter den ausgewachsenen Formen hingewiesen werden. Es kann auch vorkommen, daß es sich bei der Variation schon um eine neue Art handelt, die möglicherweise giftig sein kann. Zur Identifizierung einer Art muß außerdem Art und Beschaffenheit des Hymenophors herangezogen werden sowie die des Fleisches, Geruchs, Geschmacks und der Sporen.

Wichtige Pilzbegriffe

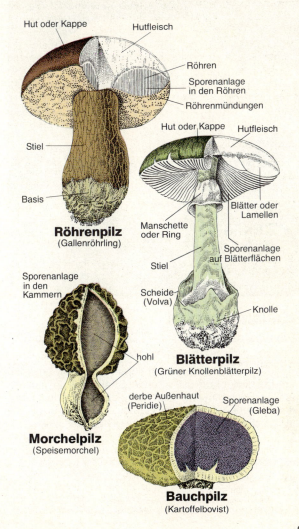

Frühjahrslorchel

Gyromitra esculenta Lorchel; **tödlich giftig!**

Fruchtkörper: deutlich in Hut und Stiel gegliedert, Hut hirnartig gewunden, in mehrere Lappen unterteilt, am Stiel angewachsen, braun bis rotbraun. **Stiel:** weißlich, manchmal violett angehaucht, nicht hohl, längsfaltig bis grubig. **Fleisch:** weiß, angenehmer Geruch. **Vorkommen:** III–V, sandige Böden. **Verwechslung:** ungiftige Morcheln.

Gesehen am:

Ort:

Speisemorchel

Morchella esculenta Morchel; eßbar, ⚠

Hut: unregelmäßig kugelig bis eiförmig, jung gelbbraun, selten graubraun, auf der Oberfläche viele vieleckige Kammern, die durch erhöhte Rippen voneinander getrennt sind, innen hohl. **Stiel:** weiß, verbogen, am Grund verdickt, hohl, kahl. **Vorkommen:** IV—VI, Auwälder, Gärten, Gebüsch. **Verwechslung:** Frühlorchel (Gyromitra esculenta) — stark giftig! — Rotbrauner, hirnartig gewundener Hut.

Gefunden am: **Ort:**

Porphyrröhrling

Porphyrellus porphyrosporus   Porphyr-Röhrling; minderwertig

Hut: jung halbkugelig mit scharfem Rand, später flachpolsterförmig, graubraun, dunkelbraun, filzig, trocken, fleischig. **Röhren:** jung graubraun, dann gleiche Farbe wie der Hut, bei Druck blauschwärzend. **Stiel:** gleiche Farbe wie der Hut, fleischig, an der Basis hellbraun. **Fleisch:** weißlichgrau, bei Schnitt rötlich bis bläulich färbend. **Vorkommen:** VI—X, im Nadelwald.

Gesehen am: **Ort:**

Hohlfußröhrling (var. aurea)
Boletinus cavipes　　　　　Hohlfuß-Röhrling; eßbar

Hut: jung halbkugelig bis kegelig, später ausgebreitet, filzig, fein schuppig, trocken, gelb bis kastanienbraun, jung am Rand, Velumreste. **Röhren:** mit dem Hut verwachsen, grob, netzartig, kantig, gelb, später grünlich. **Stiel:** hutfarben, Ringzone, hohl. **Fleisch:** zart, weißlich. **Vorkommen:** VI–X, unter Lärchen.

Gefunden am:

Ort:

Goldröhrling

Suillus grevillei   Schmier-Röhrling; eßbar

Hut: jung halbkugelig, alt gewölbt bis flach, orange bis rotbraun, auch gelb, stark schleimig, Haut leicht abziehbar. **Röhren:** zitronengelb, auf Druck braun verfärbend, engröhrig, am Stiel angewachsen. **Stiel:** gleich gefärbt wie der Hut, an der Spitze etwas netzig, der später verschwindende Ring bedeckt bei jungen Pilzen die Röhren. **Fleisch:** hellgelb, wäßrig, manchmal rosaviolett oder bläulich anlaufend. **Vorkommen:** VI–X, nur unter Lärchen.

Gefunden am: **Ort:**

Rotfußröhrling

Xerocomus chrysenteron Filz-Röhrling; eßbar

Hut: jung gewölbt, alt flach, dunkelbraun, olivbraun bis ockerbraun, Oberfläche matt, oft feldrig reißend, nie schmierig, bei Verletzung hellrot anlaufend. **Röhren:** blaßgelb, auf Druck blauend, etwas weitlöchrig. **Stiel:** gelblich, mehr oder weniger stark rötlich überzogen, schlank, vollfleischig. **Fleisch:** hellgelb, im Schnitt blauend, wird schnell weich. **Vorkommen:** VII–XI, Laub- und Nadelwälder.

Gefunden am:

Ort:

Steinpilz

Boletus edulis   Dick-Röhrling; eßbar, ⚠

Hut: jung fast kugelig, später polsterartig gewölbt, zuerst weißlich, dann hell — dunkelbraun, klebrig glänzend. **Röhren:** jung weiß, alt gelb bis olivgrün, um den Stiel ausgebuchtet. **Stiel:** jung dickbauchig, alt keulenförmig bis zylindrisch, weißlich bis hellbräunlich, an der Spitze deutliches weißes, engmaschiges Netz. **Fleisch:** weiß, fest, nußartiger Geschmack. **Vorkommen:** VII—XI, in Nadelwäldern. **Verwechslung:** Gallenröhrling (Tylopilus felleus), nahe genießbare Verwandte.
Gesehen am: **Ort:**

Netzstieliger Hexenröhrling
Boletus luridus   Dick-Röhrling; eßbar, **roh giftig!**

Hut: jung halbkugelig, später gewölbt, olivbraun, orangebraun, aber auch ziegelrot, jung filzig. **Röhren:** erst gelb, dann olivgrün mit roten Mündungen, auf Druck grünblau anlaufend. **Stiel:** knollig, bauchig, zylindrisch, gelb mit langgezogenem, rotbraunem Netz, bläuend. **Fleisch:** hellgelb, an der Basis purpurrot, schwach bläuend. **Vorkommen:** VI—X, Laub- und Nadelwälder, vor allem unter Buchen.
Besonderheit: In Verbindung mit Alkohol **giftig!**

Gefunden am: **Ort:**

Schönfußröhrling
Boletus calopus Dick-Röhrling; **giftig!**

Hut: hellgrau bis ockergrau, polsterförmig, dickfleischig, trocken, samtig. **Röhren:** jung hellgelb, alt olivgrün, feinporig, auf Druck bläuend. **Stiel:** keulig-knollig, meist leuchtend rot, mit feinmaschigem, verschiedenfarbigem Netz. **Fleisch:** bitter, gelblichweiß, im Schnitt blau oder grün anlaufend. **Vorkommen:** VII—X, Laub- und Nadelwälder, saure Böden.

Gesehen am:

Ort:

Satanspilz
Boletus satanas Dick-Röhrling; †
stark gefährdete Art!

Hut: jung halbkugelig, alt polsterartig, weißgrau, matt, trokken. **Röhren:** jung gelb, später grünlich, dann oliv, auf Druck blauend, Poren rot, später oliv. **Stiel:** oft breiter als lang, an der Spitze und an der Basis gelblich, dazwischen rot, rotes Adernetz. **Fleisch:** weiß, blauend, am Stiel rot anlaufend. **Vorkommen:** VII—IX, im Laubwald auf Kalk. **Verwechslung:** Hexenröhrlinge.

Gesehen am: **Ort:**

Gallenröhrling

Tylopilus felleus Gallenpilz; ungenießbar

Hut: jung halbkugelig, alt gewölbt bis flach, gelb- bis rötlichbraun, kahl. **Röhren:** jung grauweiß, alt rosa bis rotbraun, niemals gelb oder grün! **Stiel:** dick bis zylindrisch, mit grobem, tiefgründigem braunem Netz. **Fleisch:** weiß, bitter, nicht färbend. **Vorkommen:** VI–X, Nadelwälder, häufig. **Verwechslung:** Steinpilz (Boletus edulis) als Jungpilz, Geschmacksprobe!

Gesehen am:

Ort:

Birkenpilz
Leccinum scabrum Rauhstiel-Röhrling; eßbar, **roh giftig! geschützte Art!**

Hut: jung halbkugelig, später polsterförmig, graubraun bis rötlichbraun, kahl, bei Feuchtigkeit leicht schmierig. **Röhren:** jung weißlich, später grau, auf Druck bräunend, deutlich unter dem Hut hervorschauend. **Stiel:** weißlich mit dunklen Schuppen. **Fleisch:** weißlich, alt weich, selten rosa anlaufend. **Vorkommen:** VI–X, nur unter Birken. **Verwechslung:** Hainbuchenröhrling (L. griseum), bei Anschnitt schwarz; Rötlicher Birkenpilz (L. oxydabile); Moorbirkenpilz (L. holopus), alle eßbar.
Gesehen am: Ort:

Rotkappe

Leccinum versipelle   Rauhstiel-Röhrling; eßbar

Hut: flach gewölbt, rotbraun, orangebraun oder ziegelrot, filzig, Huthaut am Rand überstehend; Fleisch weiß, im Schnitt bläulich oder rosa anlaufend. **Röhren:** jung weiß-grau, alt gelbgrau. **Stiel:** schlank, weiß mit schwarzen, dichten Schuppen, auf Druck oder im Schnitt blau bis grün-blau verfärbend. **Vorkommen:** VI–X, unter Birken.

Gefunden am:

Ort:

Echter Pfifferling

Cantharellus cibarius   Leistenpilz; eßbar

Hut: dottergelb, seltener weißlich bis lila, jung gewölbt, alt trichterförmig, mit unregelmäßigem Rand. **Leisten:** laufen am Stiel weit herunter, gabelig verzweigt, untereinander verbunden. **Stiel:** dottergelb, in den Hut übergehend. **Fleisch:** weiß, scharf schmeckend. **Vorkommen:** VI–XI, saure Nadelwälder, höhere Lagen, in manchen Gegenden schon recht selten. **Verwechslung:** Falscher Pfifferling (Hygrophoropsis aurantiaca) nicht giftig; tödlich giftiger Ölbaumtrichterling (Omphalotus olearius) selten, auf Holzstümpfen.
Gefunden am: **Ort:**

Trompetenpfifferling

Cantharellus tubaeformis Leistenpilz; eßbar

Hut: gewölbt, feinfaserig, in der Mitte mit Loch in den Stiel, braungelb, später trichterförmig. **Lamellen:** Leisten laufen am Stiel herunter, grauweiß. **Stiel:** gelb, hohl, leicht verbogen, lang. **Fleisch:** dünn, weiß. **Vorkommen:** VIII—IX, feuchte Gebiete in Wäldern. **Verwechslung:** Gelbe Kraterelle (Cantharellus lutescens), eßbar.

Gefunden am:

Ort:

Habichtspilz

Sarcodon imbricatum Stachelpilz; eßbar, Würzpilz

Hut: jung mit eingerolltem Rand, später gewölbt bis ausgebreitet, in der Mitte meist trichterartig vertieft, mit groben rotbraunen Schuppen bedeckt (an Habichtsgefieder erinnernd). **Stacheln:** jung weißlich, später grau bis rotbraun, sehr brüchig. **Stiel:** kurz, gedrungen, unten bräunlich werdend. **Fleisch:** jung weißlich, alt graubraun, fest und zäh. **Vorkommen:** VIII—XI, Nadelwälder. **Bemerkung:** getrocknet und gemahlen schmackhafter Würzpilz.

Gefunden am: **Ort:**

Nebelkappe
Clitocybe nebularis   Trichterling; bedingt eßbar

Hut: jung gewölbt, später flach, dann trichterförmig, nebelgrau, graubraun, meist mit weißem Reif, leicht abwischbar. **Lamellen:** dünn, dicht, weißlich, kurz am Stiel herablaufend. **Stiel:** keulig, unten verdickt. **Fleisch:** weiß, dick, süßlich. **Vorkommen:** IX—XI, Wälder. **Besonderheit:** abbrühen und Wasser weggießen! **Verwechslung:** Keulenfüßiger Trichterling (C. clavipes) in Verbindung mit Alkohol giftig! Riesen-Rötling (Entoloma sinuatum) stark giftig! — deutlicher Mehlgeruch und rosa Sporenpulver, etliche weiße Trichterlinge.
Gefunden am: **Ort:**

Rötlicher Holzritterling

Tricholomopsis rutilans   Holzritterling; eßbar

Hut: jung gewölbt, später flach mit Buckel, gelb bis gelbbraun mit schuppigem Filz, älter Schuppen, Rand lange eingerollt. **Lamellen:** leuchtend gelb, dicht, gerundet. **Stiel:** fest, alt hohl, wie der Hut mit roten Schuppen überlaufen. **Fleisch:** gelb, moderig, jung eßbar, aber minderwertig. **Vorkommen:** VI–XI, Nadelholzstümpfe, selten auf Laubholz.

Gefunden am:

Ort:

Hallimasch

Armillariella mellea   Hallimasch; eßbar, **roh giftig!**

Hut: jung kugelig, später flach mit Buckel, honiggelb bis rötlichbraun, jung oliv, filzig, später besonders in der Hutmitte schwärzliche Schuppen, alt fast kahl, Hutrand eingerollt, mit weißen Flöckchen. **Lamellen:** erst weißlich, dann gelb bis gelbbraun, angewachsen, manchmal herablaufend. **Stiel:** faserig, gelbbraun, mit flockigem Ring, braune Schüppchen. **Fleisch:** weißlich bis bräunlich. **Vorkommen:** IX—X, auf Bäumen und Holz, gefährlicher Holzschmarotzer, bringt die befallenden Bäume zum Absterben! **Besonderheit:** Arten auf Laubholz sind giftverdächtig.
Gefunden am: **Ort:**

Knoblauchschwindling

Marasmius scorodonius   Schwindling; eßbar, Gewürzpilz

Hut: fleischfarben bis weißlich, dünnhäutig, trocken.
Lamellen: weiß, etwas entfernt stehend. **Stiel:** braun, kahl, hornartig, zäh, dünn. **Fleisch:** stark nach Knoblauch riechend. **Vorkommen:** VI–X, auf Fichtennadeln. **Verwechslung:** Kohlstinkschwindling (Micromphale brassicolens); Gemeiner Stinkschwindling (Micromphale foetidum).

Gefunden am:

Ort:

Winterrübling

Flammulina velutipes Winterrübling; eßbar

Hut: gewölbt, bei Nässe klebrige Haut, gelb bis rostgelb.
Lamellen: heller als der Hut, dick, entfernt. **Stiel:** zur Basis hin dunkelbraun bis schwarz, samtig, zäh, ungenießbar.
Fleisch: weiß bis gelb. **Vorkommen:** X–III, an Laubholzstümpfen, bevorzugt Weiden.

Gefunden am:

Ort:

Brauner Scheidenstreifling

Amanita umbrinolutea   Wulstling; bedingt eßbar

Hut: jung vom Velum universale umschlossen, dann eiförmig, später flach, Scheitel umbrabraun, am Rand stark kammartig gerieft und viel heller bis weißlich. **Lamellen:** dicht, weiß, nicht angewachsen. **Stiel:** lang, kräftig, meist mit gelbbrauner bis olivbrauner Natterung, Volva meist in der Erde. **Fleisch:** weiß. **Vorkommen:** VIII–X, Nadelwälder der Gebirge. **Verwechslung:** Riesenscheidenstreifling (A. inaurata), tödlich giftiger Kegeliger Knollenblätterpilz (Amanita verna). **Besonderheit:** roh ungenießbar.

Gefunden am: **Ort:**

Fliegenpilz

Amanita muscaria Wulstling; **giftig!**

Hut: jung vollständig von weißer, warziger Hülle umgeben, halbkugelig, später flach, rotorange — rot mit weißen Warzen, am Rand schwach gestreift, Unterhaut gelb.
Lamellen: weiß, dicht, frei. **Stiel:** weiß, lang, mit hängendem Ring, am Grund Knolle mit Warzengürtel. **Fleisch:** weiß, weich. **Vorkommen:** VIII–XI, Nadelwälder, vor allem Fichtenanpflanzungen. **Verwechslung:** Königsfliegenpilz (A. regalis) giftig, bräunlich; Kaiserling (A. caesaria) eßbar, weiße Scheide, Hut orange, glatt, Stiel und Lamellen gelb.

Gesehen am: Ort:

Kaiserling

Amanita caesarea Wulstling; eßbar

Hut: jung kugelig, alt halbkugelig, orangerot, kahl oder mit Hüllresten, leicht abziehbare Huthaut, geriefter Rand.
Lamellen: gelb, frei, dicht. **Stiel:** gelb bis goldgelb, walzenartig, anfangs voll, dann hohl, an der Basis mit breiter Volva. **Fleisch:** weißlich, unter dem Hut gelb. **Vorkommen:** VII—X, unter Edelkastanien und Eichen, wärmeliebend.

Gefunden am:

Ort:

Pantherpilz

Amanita pantherina Wulstling; †

Hut: jung halbkugelig, später flach, ockerbraun bis graubraun, am Rand meist deutlich gerieft, jung von weißer Hülle umschlossen, alt Reste dieser Hülle als Flocken auf dem Hut. **Lamellen:** weiß, dicht, am Stiel nicht angewachsen. **Stiel:** weiß, schlank, Manschette nie gerieft, stulpenförmige Knolle, am Grund weitere Hüllreste. **Fleisch:** weiß. **Vorkommen:** VII–X, Laub- und Nadelwälder. **Bemerkung:** tödliche Vergiftungen bekannt. **Verwechslung:** Grauer Wulstling (Amanita spissa), eßbar, roh giftig!

Gesehen am: **Ort:**

Grüner Knollenblätterpilz
Amanita phalloides   Wulstling; **tödlich giftig!**

Hut: jung vollständig vom Velum universale umgeben, halbkugelig, später flach, hellgrün bis olivgrün, manchmal fast weiß verblassend, jung schmierig. **Lamellen:** weiß, eng, **nie** rosa oder grau, nicht angewachsen. **Stiel:** weißlich mit heller Natterung, herabhängender Ring, Knolle in Volva. **Fleisch:** weiß, honigartiger Geruch. **Vorkommen:** VIII–X, meist Laubwälder. **Verwechslung:** Weißer Knollenblätterpilz (A. verna), Egerlinge, Scheidenstreiflinge.

Gesehen am: **Ort:**

Weißer Knollenblätterpilz
Amanita verna   Wulstling; **tödlich giftig!**

Hut: jung eiförmig und zur Gänze vom weißen Velum universale umgeben, später gewölbt bis kegelig, reinweiß, kahl. **Lamellen:** weiß, **nie** rosa oder grau, dicht, nicht angewachsen. **Stiel:** weiß, schlank, ziemlich lang, flockig, hängender, leicht abfallender Ring, Knolle von Volva umgeben. **Fleisch:** weiß, honigartiger, süßlicher Geruch. **Vorkommen:** VI–IX, Laub- und Nadelwälder, in Gruppen.

Gesehen am:

Ort:

Grauer Wulstling

Amanita spissa Wulstling; eßbar, **roh giftig!**

Hut: jung halbkugelig, dann flach bis gewölbt, graubraun mit leicht entfernbaren weißen Flöckchen, Rand glatt. **Lamellen:** weiß, dicht. **Stiel:** weiß, dick, Knolle tief im Boden, Stielknolle ohne scharfen Übergang zum Stiel, mit grauen Warzenzonen, Manschette reicht bis zur Stielspitze, deutlich gerieft. **Fleisch:** weiß, Rettichgeruch. **Vorkommen:** V—X, in allen Auwäldern. **Verwechslung:** Pantherpilz (A. pantherina) giftig; Königsfliegenpilz (A. regalis) giftig; Perlpilz (A. rubescens).

Gefunden am: Ort:

Perlpilz

Amanita rubescens   Wulstling; eßbar

Hut: jung halbkugelig, später gewölbt bis flach, fleischbraun bis rotbraun, Hutschuppen nie weiß, sondern fleischbraun. **Lamellen:** weißlich, bei Verletzung rosa färbend, dicht, am Stiel nicht angewachsen. **Stiel:** weiß, später mit rosa Flokken, anliegende Manschette, oberseits gerieft, am Grund knollig. **Fleisch:** weiß, in den Madengängen und bei Verletzung rötend. **Vorkommen:** VI–X/XI, Laub- und Nadelwälder. **Bemerkung:** roh giftig, leicht madig, Neulinge sollten diesen Pilz meiden. **Verwechslung:** Grauer Wulstling (A. spissa) roh giftig; Pantherpilz (A. pantherina) giftig!
Gefunden am: **Ort:**

Parasolpilz

Macrolepiota procera   Riesenschirmling; eßbar

Hut: sehr jung kegelförmig und braun, dann kugelig geschlossen (paukenschlägerartig), vom Rand her in Schuppen aufbrechend, alt flach. **Lamellen:** weiß, oft mit brauner Scheide, dicht, groß. **Stiel:** schmal, hohl, grau genattert, mit Knolle, frei beweglicher Ring, am Rand doppelt. **Fleisch:** weiß, im Stiel zäh. **Vorkommen:** VII—X, Laubwälder, Waldränder, Wiesen. **Verwechslung:** Andere, ähnliche Arten besitzen nie einen verschiebbaren Ring.

Gefunden am: **Ort:**

Dünnfleischiger Anis-Champignon
Agaricus silvicola Egerling; eßbar

Hut: jung kugelig, später gewölbt bis ausgebreitet, weiß, auf Druck sofort gilbend. **Lamellen:** dicht, frei, jung rosagrau, alt schokoladenbraun. **Stiel:** weiß, herabhängender Ring, darüber leicht rosa, hohl, schlank, verdickte Basis. **Fleisch:** dünn, nach Anis riechend, gilbend. **Vorkommen:** VIII–X, Laub- und Nadelwälder. **Verwechslung:** Schafchampignon (A. arvensis) eßbar; Weißer Karbolegerling (A. canthoderma) giftig; Weißer Knollenblätterpilz (Amanita verna) tödlich giftig.

Gefunden am: **Ort:**

Faltentintling

Coprinus atramentarius   Tintling; **mit Alkohol giftig!**

Hut: jung eiförmig, dann fingerhutförmig, hellgraubraun und gerieft, später am Rand zerreißend, Oberfläche oft faltig. **Lamellen:** jung weißgrau, alt schwarz, eng stehend. **Stiel:** weiß, gleich dick, hohl, am Grund mit knotenförmiger Verdickung. **Fleisch:** weiß, mürbe. **Vorkommen:** V—XI, Laubwald, Wegränder, Wiesen, büschelig verwachsen. **Besonderheit:** kein Alkohol vor oder nach dem Genuß des Pilzes! **Verwechslung:** Schopftintling (C. comatus) eßbar, leicht unterscheidbar am grob beschuppten Hut und beringten Stiel.

Gefunden am: **Ort:**

Schopftintling

Coprinus comatus   Tintling; jung eßbar

Hut: jung weiß, zylindrisch, hellbrauner Scheitel, flockige Schuppen, alt am Rang reißend, aufrollend, schwarz zerfließend. **Lamellen:** jung weiß dünn, sehr dicht, später auch schwarz zerfließend. **Stiel:** weiß, schlank, mit Ring. **Fleisch:** weiß, sehr dünn. **Vorkommen:** V–XI, überall verbreitet, häufig. **Bemerkung:** muß sofort verbraucht werden, da sich der Pilz schon nach wenigen Stunden verfärbt und ungenießbar wird.

Gefunden am: **Ort:**

Grünblättriger Schwefelkopf

Hypholoma fasciculare   Schwefelkopf; **giftig!**

Hut: jung geschlossen, alt gewölbt bis flach, Velumreste am Hutrand, grünlich bis schwefelgelb. **Lamellen:** schwefelgelb bis grünbraun, dünn, dicht, ausgebuchtet angewachsen. **Stiel:** gelb, fransige Ringzone, unterer Teil bräunlich, hohl, faserig. **Fleisch:** gelblich, sehr bitter. **Vorkommen:** fast ganzjährig, auf Laub- und Nadelholzstümpfen. **Verwechslung:** Stockschwämmchen (Kuehneromyces mutabilis); Graublättriger Schwefelkopf (Hypholoma capnoides), eßbar, und andere Schwefelköpfe.

Gesehen am: **Ort:**

Stockschwämmchen

Kuehneromyces mutabilis Stockschwämmchen; eßbar

Hut: jung gewölbt mit eingerolltem Rand, später flach mit kleinem Buckel, gelbbraun bis rotbräunlich mit dunklerer Randzone, glänzend, Hutfarbe ändert sich mit dem Wassergehalt. **Lamellen:** hell- bis rostbraun, dicht, breit angewachsen. **Stiel:** lang, zäh, häutiger, bald verschwindender Ring, darunter kleine Schuppen. **Fleisch:** hellbraun. **Vorkommen:** V—XI, in Büscheln an Laubholzstümpfen. **Verwechslung:** Grünblättriger Schwefelkopf (Hypholoma fasciculare) giftig; Nadelholz-Häubling (Galerina marginata) giftig!

Gefunden am: **Ort:**

Spitzkegeliger Rißpilz
Inocybe fastigiata Rißpilz; †

Hut: kegelig, jung am Rand mit Velumresten, gelblich bis ockerbraun, auch dunkelbraun, trocken, randrissig. **Lamellen:** jung gräulich, dann schmutzigoliv, dicht, ausgebuchtet angewachsen. **Stiel:** zylindrisch bis schlank, heller als der Hut, flockig. **Vorkommen:** VI–X, Laubwälder, Nadelwälder. **Verwechslung:** Der Pilz hat eine große Variationsbreite, ähnlich Ziegelroter Rißpilz (I. patouillardii) und Gefleckter Rißpilz (I. maculata).

Gesehen am: **Ort:**

Lila Dickfuß

Cortinarius traganus　　　　　　　　Schleierling; †

Hut: jung kugelig, später flach mit fransigem Rand, erst violett, dann verblassend bis ocker, seidig. **Lamellen:** immer safranockerbraun, etwas entfernt stehend. **Stiel:** blaßlila, am Grund bräunend, mit schleierartiger Ringzone. **Fleisch:** safranfarben, besonders im Stiel (Name), nie violett! Genuß ruft Magen-Darm-Beschwerden hervor. **Vorkommen:** VIII–XI, Nadelwälder, häufig.

Gesehen am:

Ort:

Reifpilz

Rozites caperata   Reifpilz; eßbar, speichert in hohem Maße Schwermetalle und Cäsium

Hut: jung halbkugelig, dann gewölbt bis flach, jung mit einem glänzenden, blaßvioletten Reif überzogen, ockergelb bis honigbraun. **Lamellen:** mit fein gesägter Scheide, hellbeige, dicht. **Stiel:** weißlichbräunlich, zylindrisch, mit häutigem Ring. **Fleisch:** blaßbräunlich. **Vorkommen:** VIII—X, Laub- und Nadelwälder.

Gefunden am: **Ort:**

Grüngefelderter Täubling

Russula virescens Täubling; eßbar

Hut: jung kugelig, alt flach, Rand gerippt, körnig, reißt bald feldrig-schuppig, grünspanfarben bis gelb. **Lamellen:** weiß. **Stiel:** dick, zylindrisch, weiß, hart. **Fleisch:** weiß, fest, nußartig. **Vorkommen:** VII—IX, Laubwälder. **Verwechslung:** mit kleinen Exemplaren des Grünen Knollenblätterpilzes (Amanita phalloides), tödlich giftig!

Gefunden am:

Ort:

Frauentäubling

Russula cyanoxantha   Täubling; eßbar

Hut: sehr verschieden gefärbt, violett oder grün, rötlich bis lila, bei Feuchtigkeit klebrig. **Lamellen:** weiß, weich, biegsam, am Stiel gegabelt und herablaufend. **Stiel:** weiß, dick, am Grund etwas spitz zulaufend. **Fleisch:** weiß, brüchig. **Vorkommen:** VII—X, Laub- und Nadelwälder. **Verwechslung:** als einziger Täubling mit biegsamen Blättern.

Gefunden am:

Ort:

Speitäubling

Russula emetica Täubling; †

Hut: zuerst halbkugelig, dann flach, scharlachrot bis kirschrot, trocken glänzend, bei Feuchte leicht klebend, Haut bis zur Mitte abziehbar. **Lamellen:** weiß, abgerundet, starr, leicht splitternd. **Stiel:** weiß, zylindrisch, feine Längsstreifen. **Fleisch:** weiß, im Hut dünn, Geschmack brennend scharf. **Vorkommen:** VII–X, Laub- und Nadelwälder, gerne an feuchten Stellen.

Gesehen am:

Ort:

Echter Reizker

Lactarius deliciosus   Milchling; eßbar

Hut: jung gewölbt, alt flach bis trichterförmig, orangerot, mit weißlichen Ringzonen, im Alter grünend, schleimig. **Lamellen:** dicht, hutfarben, grünend. **Stiel:** kurz, zylindrisch, hutfarben, später hohl. **Fleisch:** karottenroter Milchsaft, fest. **Vorkommen:** VIII–X, unter Kiefern. **Verwechslung:** Fichtenreizker (L. deterrimus) eßbar.

Gefunden am:

Ort:

Kuhmaul

Gomphidius glutinosus   Schmierling; eßbar

Hut: anfangs gewölbt, später flach, grau bis braun, mit dicker Schleimschicht überzogen, bei jungen Pilzen über die Lamellen ziehend. **Lamellen:** jung weiß, alt schwärzlich, am Stiel herablaufend, dicklich. **Stiel:** weiß, an der Basis chromgelb, zylindrisch, an der Spitze schleimige Ringzone. **Fleisch:** weiß, weich. **Vorkommen:** VIII–X, nur unter Fichten. **Verwechslung:** Fleckender Schmierling (G. maculatus), bei Verletzung weinrot anlaufend.

Gefunden am: **Ort:**

Flaschenstäubling

Lycoperdon perlatum Stäubling; jung eßbar

Fruchtkörper: birnen- bis verkehrt flaschenförmig, am Ende kugelig, faltiger Stiel, weiß, später graubraun, Oberfläche mit groben Warzen, Sporenmasse jung weiß, watteartig. Sporenfarbe alt gelb, dann oliv. **Vorkommen:** VII—IX, Laub- und Nadelwälder. **Verwechslung:** stinkender Stäubling (L. foetidum) mit zusammengesetzten Stacheln.

Gefunden am:

Ort:

Riesenbovist

Langermannia gigantea   Bovist;
eßbar, wenn innen weiß

Fruchtkörper: weiß bis gelblich, fast kugelförmig, 30—50 cm. **Sporen:** olivgrünlich bis graubraun. **Vorkommen:** VIII—X, Wiesen, Weiden, saure Böden, kann auch erheblich größer werden.

Gefunden am:

Ort:

Stinkmorchel

Phallus impudicus Bauchpilz; eßbar, als Hexenei!

Fruchtkörper: jung als „Hexenei" halb unter der Erde, bestehend aus weißem festem Kern, umgeben von einer gallertartigen Masse und Außenhaut, später langzylindrischer Schaft, weißlich, runzlig, am Ende mit glockenartigem Hut, dunkelolivgrün, schleimig-klebrig, unangenehm nach Aas riechend. **Vorkommen:** V—XI, Laub- und Nadelwälder.

Gefunden am:

Ort:

Flechten, Moose, Schachtelhalme, Farne

Flechten

Flechten verstehen sich als eine Symbiose aus Algen und Pilzen. Die Pilze sind hierbei an die sie ernährenden Algen gebunden. Außerdem bilden sie von der Gestalt und Physiologie her eine Einheit. Sie stellen eigene Flechtenstoffe her und können sich verschieden ungeschlechtlich vermehren. Nach ihrer Form unterscheidet man z. B. Krustenflechten, Strauchflechten, Blattflechten, Bartflechten.

Moose

Die meisten Moose besitzen einen Sproß, der in Achse und Blätter gegliedert ist. Die Fortpflanzung findet über einen Generationswechsel statt, wobei aus den Sporen ein neues Pflänzchen wächst, das männliche und weibliche Organe trägt. Die ungeschlechtliche Generation des Mooses besteht aus der Sporenkapsel. Die Pflanzen sind stark wasserabhängig. Man unterscheidet Lebermoose und Laubmoose.

Schachtelhalme

Der Wurzelsproß der Schachtelhalme ist ausdauernd. Die grünen, überirdischen Achsen besitzen an den Knoten quirlig angeordnete Äste (Wirtel). Die Sporen werden in eigenen, sporangientragenden, braunen Sporangienständen („Blüten") erzeugt. Sie erscheinen vor den unfruchtbaren Achsen.

Farne

Die Farne entwickeln meist einen starken Wurzelstock. Aus einer Rosette wachsen gefiederte oder ganzrandige, gestielte Blätter, die jung eingerollt sind. Auf der Blattunterseite entwickeln sich die Sporen, aus denen ein kleiner Vorkeim entsteht, der die männlichen und weiblichen Geschlechtsorgane trägt. Nach der Befruchtung (zu der Wasser notwendig ist, damit sich die Schwärmer zu den Eizellen bewegen können) entwickelt sich der junge Farn am Vorkeim. Es wechseln also eine ungeschlechtliche Generation (Farn mit Sporen) und eine geschlechtliche Generation (Vorkeim mit Organen) ab. Es werden Baumfarne, Nacktfarne, Blattfarne unterschieden.

Isländisch Moos
Cetraria islandica   Flechten

Merkmale: meist bodenbewohnende Flechten, gabelig verzweigt, am Rand gekrümmt und borstig bewimpert, braungrün bis olivgrün, Unterseite weißlicher, Höhe bis 10 cm. **Standort:** trockene Nadelwälder, Heiden.

Gesehen am:

Ort:

Torfmoos
Sphagnum palustre Laubmoos

Merkmale: 10—25 cm; hellgrün, manchmal weißlich, Äste am unteren Stengel quirlig, an der Spitze schopfartig, spiralig angeordnete Blätter, Kapsel VI—VIII, auf dem Schopf, kugelig. **Standort:** Moore, Gräber, saure Waldböden. **Besonderheiten:** ohne Wurzel, stark wasserspeichernd.

Gefunden am:

Ort:

Etagenmoos

Hylocomium splendens   Laubmoos

Merkmale: 10—20 cm; gelb bis olivgrün mit rotem Stengel, Seitenäste 2zeilig, spiralig angeordnete Blätter, 2—3fach gefiedert, Kapsel mit 2—3 cm langem Stiel an seitlichen Kurztrieben, Kapsel IV—V. **Standort:** Heide, Moore, Wälder. **Besonderheit:** Jahrestrieb wächst in der Mitte des Stengels auf dem Rücken.

Gefunden am:

Ort:

Ackerschachtelhalm

Equisetum arvense   Schachtelhalm

Merkmale: 10—50 cm; graugrün, feine ineinander verschachtelte Abschnitte, Stengel mit 6—8 Furchen, quirlige Äste, Sporophylle (Abbildung) vor den grünen Pflanzen, bräunlich, tragen die Sporenkapseln, Sporophylle III—IV.
Standort: Schotter, Wegränder, Wiesen. **Besonderheiten:** hoher Kieselsäureanteil, Putzen von Zinn.

Gefunden am:

Ort:

Wald-Schachtelhalm
Equisetum silvaticum Schachtelhalme

Merkmale: unfruchtbare Sommerwedel (Foto) mit quirligen Verästelungen, grün, fruchtbare Triebe (Sporangien) braun, an der Spitze Sporangienähren, Höhe 8—25 cm.
Standort: Äcker, feuchte Gebiete, Magerwiesen, Raine, Schutt.

Gesehen am:

Ort:

Adlerfarn
Pteridium aquilinum Tüpfelfarn

Merkmale: Höhe 50—200 cm; ausdauernd, großer Wurzelstock, Einzelblätter mit gelbem Stiel, 2—4fach gefiedert, Wedel 3eckiger Umriß, Sori in Reihen am Blattrand.
Standort: Wälder, Kahlschläge, Waldränder. **Besonderheit:** Querschnitt der Stengel adlerähnlich.

Gesehen am:

Ort:

Hirschzungenfarn

Phyllitis scolopendrium Tüpfelfarn; ⚠

Merkmale: ungeteilte, blattartige Wedel, kurzer Stiel, am Grund herzförmig, gewellter Rand, Sori in Linien. **Standort:** feuchte, schattige Schluchtwälder, auf Kalk.

Gesehen am:

Ort:

Straußfarn

Matteuccia struthiopteris   Straußfarn

Merkmale: ausdauernd, lange, sterile Wedel umstellen trichterartig die soritragenden, straußenfederartigen, eingerollten Wedel. **Standort:** an Wald- und Gebirgsbächen.

Gesehen am:

Ort:

Braunstieliger Streifenfarn
Asplenium trichomanes Streifenfarn

Merkmale: in Büscheln, wintergrün, Spindel rotbraun bis schwarz, gegenständige Fiedern, gekerbt, längliche Sori.
Standort: Mauern, Felsen.

Gesehen am:

Ort:

Mauerraute

Asplenium ruta-muraria Streifenfarn

Merkmale: 5—30 cm; wintergrün, matt, 2—3fach gefiedert, rautenförmige Fiedern am Ende, an der Spitze gekerbt, längliche Sori. **Standort:** Mauerritzen.

Gesehen am:

Ort:

Pflanzenaufbau

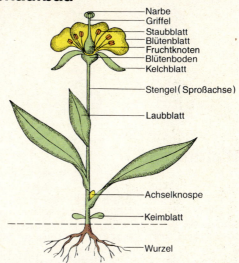

Aufbau einer Grasblüte (Roggenährchen)

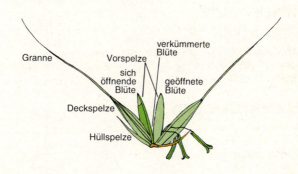

Blattränder

ganzrandig

gesägt

gebuchtet

gekerbt

gezähnt

fiederspaltig

Blattformen

nadelförmig

lanzettlich

elliptisch

spießförmig

handförmig

fußförmig

gefingert

gefiedert

unpaarig gefiedert

paarig gefiedert

Blattstellungen

gegenständig

wechselständig

quirlständig

gekreuzt gegenständig

Blütenstände

Dolde

Traube

Ähre

Köpfchen

zusammengesetzte Dolde

Rispe

Blütenformen

Schmetterlingsblüte

2-lippig   1-lippig
Lippenblüte

Rachenblüte

Zungenblüte

Röhrenblüte

Wurzelformen

Pfahlwurzel

Rübe

Rhizom (Wurzelstock)

Zwiebel

Sproßknolle

Wurzelknolle

Walderdbeere

Fragaria vesca Rosengewächs

Merkmale: ausdauernd, mit langen Ausläufern, weiß, 5 Kronblätter, Blütenboden zu fleischiger Scheinfrucht mit Nüßchen, Blätter 3teilig, grob gezähnt, handförmig, unterseits behaart, Höhe 15—20 cm. **Blütezeit:** V—VI. **Standort:** lichte Wälder, Böschungen.

Gesehen am:

Ort:

Silberwurz

Dryas octopetala Rosengewächs

Merkmale: ausdauernder Zwergstrauch, zwittrig, Einzelblüten mit 8 Blütenblättern, Nüßchen mit weißzottigem Flugorgan, weiß blühend, Blätter elliptisch, immergrün, gekerbt, auf der Unterseite weißfilzig, Pfahlwurzel, Höhe 3—10 cm. **Blütezeit:** V-VIII. **Standort:** Geröll, Schutt, Fels, 1100—2500 m. **Verbreitung:** Nordeuropa, Alpen, auf Kalk, Dolomit, häufig.

Gesehen am:

Ort:

Wiesen-Bärenklau
Heracleum sphondylium   Doldengewächs

Merkmale: ausdauernd, weiße Blüten in zusammengesetzter Dolde, 5 Blütenblätter oft rosa, Randblüten vergrößert, zahlreiche Hüllblättchen, Stengel gefurcht, borstig behaart, Blätter gelappt bis gefiedert, Höhe 30—200 cm.
Blütezeit: VI—X. **Standort:** Mähwiesen, stickstoffanzeigend.

Gesehen am:

Ort:

Fieberklee

Menyanthes trifoliata   Enziangewächs; ⚠; **R3**

Merkmale: ausdauernd, Blüte weiß-blaßrosa, 5—20 Blüten zu lockerer Traube, 5zipflig, ähnlich Klee, groß, dicklich, grundständig, Höhe 15—30 cm. **Blütezeit:** V—VI. **Standort:** saure, nasse Wiesen, Flachmoore, bis 2300 m. **Besonderheit: gefährdet! geschützt! Darf nicht gesammelt werden!**

Gesehen am:

Ort:

Alpenfettkraut

Pinguicula alpina Wasserschlauchgewächs; ⚠

Merkmale: ausdauernde, aufrechte Rosettenpflanze, zwittrig, Einzelblüte gespornt, im Schlund gelbe Flecken, weiß, Blätter länglich, am Rand aufgebogen, grundständig, Rhizom, Höhe 5—15 cm. **Blütezeit:** V-VI. **Standort:** Flachmoore, nasse Matten, auf Kalk, 800—2000 m. **Verbreitung:** Alpen, Voralpengebiet, selten. **Besonderheit:** insektenfressende Pflanze, geschützt!

Gesehen am:

Ort:

Gänseblümchen
Bellis perennis   Korbblütler

Merkmale: ausdauernde Rosettenpflanze, Blüten zu einzelnen Köpfchen, weißliche Zungenblüten, gelbe Röhrenblüten, Stengel behaart, grundständige Blätter, verkehrt eiförmig, gekerbt, Höhe 3–10 cm. **Blütezeit:** II–XI. **Standort:** Wiesen, Weiden, Wegränder.

Gesehen am:

Ort:

Edelweiß

Leontopodium alpinum Korbblütler; ⚠

Merkmale: ausdauernde Rosettenpflanze, zwittrig, Blütenköpfe zu doldigen Ständen, von filzigen Hochflättern umgeben, nur Röhrenblüten, weiß, Blätter lanzettförmig, filzig, wechselständig, Höhe 5—20 cm. **Blütezeit:** VII—VIII. **Standort:** Steppen, Trockenrasen, Weiden, Matten, Felsen, 1700—3500 m. **Verbreitung:** Alpen, Pyrenäen. **Besonderheit:** vollständig geschützt! Arzneipflanze.

Gesehen am:

Ort:

Schafgarbe (mit Klatschmohn)
Achillea millefolium   Korbblütler

Merkmale: ausdauernd, weiße Zungen- und Röhrenblüten zu endständigen Trugdolden, Blätter wechselständig, doppelt gefiedert, dunkelgrün, ganze Pflanze stark aromatisch, Höhe 15—50 cm. **Blütezeit:** VI—X. **Standort:** Wiesen, Bergwiesen, Raine, Wegränder.

Gesehen am:

Ort:

Margerite

Leucanthemum vulgare   Korbblütler

Merkmale: ausdauernde Pflanze, weiße Zungenblüten und gelbe Röhrenblüten zu einzelnen Körbchen, langgestielt, Stengelblätter lanzettlich, Grundblätter gestielt, am Rand gekerbt, Höhe 30–60 cm. **Blütezeit:** V–X. **Standort:** Wiesen, lichte Wälder.

Gesehen am:

Ort:

Silberdistel

Carlina acaulis Korbblütler; ⚠

Merkmale: ausdauernde Rosettenpflanze, zwittrig, Blüten zu Körben mit bräunlichen Röhrenblüten, Hüllblätter täuschen Zungenblüten vor, silbrig weiß, Blätter rosettig, tieffiedrig mit stechenden Zipfeln, Pfahlwurzel, Höhe 5–30 cm.
Blütezeit: VII–IX. **Standort:** Wiesen, Wald, Matten, 700–2900 m. **Verbreitung:** Europa, häufig. **Besonderheit:** geschützt!

Gesehen am:

Ort:

Maiglöckchen

Convallaria majalis   Liliengewächs; ⚠ †

Merkmale: ausdauernd, weiße Glöckchen zu einseitswendiger, lockerer Traube, 6 Blütenzipfel aufwärts gebogen, gelber Griffel, 2 grundständige Blätter, parallelnervig, leicht glänzend, rote Beeren, Höhe 8—25 cm. **Blütezeit:** V—VI. **Standort:** Buchenwälder, Gebüsch, Auen.

Gesehen am:

Ort:

Weiße Narzisse
Narcissus radiiflorus Amaryllisgewächs; ⚠ †

Merkmale: einkeimblättriges, zwittriges Zwiebelgewächs, Blüte weiß, einzeln, langgestielt, 6 Kronblätter flach ausgebreitet, zu Blütenröhre verwachsen, gelbe Nebenkrone mit rötlichem Saum, Blätter grasartig, meist 4 pro Zwiebel, Höhe 20—30 cm. **Blütezeit:** III—V. **Standort:** Wiesen, Flachmoore.

Gesehen am:

Ort:

Sumpfdotterblume
Caltha palustris   Hahnenfußgewächs; †

Merkmale: ausdauernde Pflanze, Blüten aus 5 gelben Kelchblättern, glänzend, hohler Stengel, Blätter oben sitzend, sonst langgestielt, breit herzförmig, gekerbt oder gesägt, Höhe 15—50 cm. **Blütezeit:** III—VI. **Standort:** nasse Wiesen, Bachränder, Auwälder.

Gesehen am:

Ort:

Scharbockskraut

Ranunculus ficaria Hahnenfußgewächs; †

Merkmale: ausdauernd, 8—12 glänzende, gelbe Honigblätter, 3—7 Kelchblätter, Stengel niederliegend, hohl, Blätter herzförmig, gekerbt, in den Blattachseln oft Brutknöllchen, Höhe 5—20 cm. **Blütezeit:** III—V. **Standort:** Auen, feuchte Parks.

Gesehen am:

Ort:

Alpenmohn

Papaver alpinum ssp. rhaeticum Mohngewächs; ⚠

Merkmale: ausdauernde Pflanze mit gelben Einzelblüten, 4 Blütenblätter, rundlich, viele Staubgefäße, Stengel aufrecht, borstig behaart, unverzweigt, Grundblätter fiedrig, Pflanze mit weißem Milchsaft, Höhe 5—15 cm. **Blütezeit:** VII—VIII. **Standort:** Schutt, Geröll, 1800—3000 m. **Verbreitung:** nur Westalpen. **Besonderheit:** in den Südostlagen schmalzipflig, rötlich, Nordalpen weiß! geschützt!

Gesehen am:

Ort:

Gänsefingerkraut
Potentilla anserina Rosengewächs

Merkmale: ausdauernd, zwittrig, 5zählige, gelbe Einzelblüten, langgestielt, Kelchblätter spitz, behaart, gleich lang, kriechender Stengel, an den Knoten wurzelnd, Blätter gefiedert, lang, Teilblättchen gesägt, behaart auf der Unterseite, Höhe 15 cm. **Blütezeit:** V—IX. **Standort:** Weiden, Wegränder, Ödplätze. **Besonderheit:** Heilpflanze.

Gesehen am:

Ort:

Berg-Petersbart

Geum montanum Rosengewächs

Merkmale: ausdauernde, kriechende Rosettenpflanze, gelb, 5 Kronblätter, meist Einzelblüten, behaart, Blätter kurz gestielt, gefiedert, Endblättchen am größten, Früchte mit langen, haarigen Griffeln (Name), Höhe 5–40 cm. **Blütezeit:** V–VII. **Standort:** Magerwiesen, Weiden, Zwergstrauchheide, frost-, windempfindlich, 1000–3000 m. **Vorkommen:** Alpen, Zentralalpen.

Gesehen am:

Ort:

Hornklee

Lotus corniculatus   Schmetterlingsblütler

Merkmale: ausdauernde Pflanze, Blüte gelb, Köpfchen mit 3—6 Blüten, Blätter 5teilig (davon 2 Nebenblätter), Früchte hornförmig, Höhe 5—30 cm. **Blütezeit:** V—VII. **Standort:** Wiesen, Wegränder, auf Kalk.

Gesehen am:

Ort:

Hohe Schlüsselblume

Primula elatior Primelgewächs; ⚠

Merkmale: ausdauernde, zwittrige Rosettenpflanze, hellgelb, nicht duftend, große 5zipflige Blüte, Kronlappen größer als P. veris, Kelch verwachsen, 5zipflig, Blätter in Rosetten, behaart; Höhe 15—30 cm. **Blütezeit:** IV—V. **Standort:** feuchte Wiesen und Wälder. **Besonderheit:** Heilpflanze.

Gesehen am:

Ort:

Alpenaurikel

Primula auricula Primelgewächs; ⚠

Merkmale: ausdauernde Rosettenpflanze, zwittrig, verwachsen — kronblättrige Blütenkrone, gelb, 4—12 Blüten an 1 Schaft, Blätter breit, fleischig, graugrün, bemehlt, Rhizom, Höhe 5—20 cm. **Blütezeit:** IV—VI. **Standort:** steinige Böden, Geröll, Felsen, 800—2600 m. **Verbreitung:** Alpen, Apennin, Karpaten, selten. **Besonderheit:** gefährdet! geschützt!

Gesehen am:

Ort:

Johanniskraut

Hypericum perforatum Johanniskrautgewächs

Merkmale: ausdauernd, 5 leuchtendgelbe Kronblätter mit dunklen Punkten, zahlreiche Staubblätter, 5 Kelchblätter, Blätter gegenständig mit vielen durchscheinenden Punkten, elliptisch, Blüten zu Dolde, Stengel oben verzweigt, Höhe ca. 1 m. **Blütezeit:** VI—IX. **Standort:** Trockenrasen, lichte Wälder, Wiesen.

Gesehen am:

Ort:

Huflattich

Tussilago farfara   Korbblütler

Merkmale: ausdauernd, gelbe Blüten zu Köpfchen, feinstrahlige Zungenblüten, gelbe Röhrenblüten, zur Blütezeit keine Blätter, Stengel mit Blattschuppen, weiß-filzig behaart, Blätter grundständig, haarig, herzförmig, Rand gezähnt, Höhe 10—30 cm. **Blütezeit:** III—IV. **Standort:** Wegränder, feuchte Wiesen, Schutt.

Gesehen am:

Ort:

Arnika

Arnica montana Korbblütler; ⚠ †

Merkmale: ausdauernde, aufrechte Pflanze, zwittrig, Blüte in Körbchen mit gelben Zungenblüten, gelben Röhrenblüten, Fruchtknoten mit Haarkrone, Stengel flaumig behaart, 1—2 Paar gegenständige Stengelblätter, Grundblätter verkehrt — eiförmig, in Rosetten, derb, behaart, aromatisch duftend, Rhizom, Höhe 20—60 cm. **Blütezeit:** VI—VIII. **Standort:** Wiesen, Wälder, Matten, Torfböden, 200—2900 m. **Verbreitung:** Alpen, Apennin, Karpaten. **Besonderheit:** gefährdet! geschützt! giftig! Heilpflanze. Große Vorsicht bei der Verwendung!
Gesehen am: Ort:

Wiesenbocksbart

Tragopogon pratensis   Korbblütler; †

Merkmale: zweijährig, gelbe Zungenblüten zu Körbchen, äußere Zungenblüten verlängert, Fruchtknoten mit Haarkrone, Blätter stengelumfassend, lang-linear, Höhe 30–60 cm. **Blütezeit:** V–VII. **Standort:** Wiesen; häufig. **Besonderheit:** schließt Blüte gegen 14 Uhr.

Gesehen am:

Ort:

Löwenzahn

Taraxacum officinale   Korbblütler

Merkmale: ausdauernde Rosettenpflanze, gelbe Zungenblüten zu einzelnen Köpfen, Fruchtknoten mit Haarkrone, Stengel glatt, hohl, weißer Milchsaft, grundständige Blätter, unterschiedlich gesägt, Höhe 10—60 cm. **Blütezeit:** IV—VI.
Standort: Wiesen, Äcker, stickstoffliebend.

Gesehen am:

Ort:

Spitzwegerich
Plantago lanceolata Wegerichgewächs

Merkmale: ausdauernd, unscheinbare bräunliche Blüte, 4 Kelchblätter, lange Staubfäden mit gelblichen Staubbeuteln, Stengel gefurcht, Blätter in Rosetten, schmallanzettlich, 5—7 Parallelnerven, Höhe 10—40 cm. **Blütezeit:** IV—X.
Standort: Weiden, Wiesen, Wegränder.

Gesehen am:

Ort:

Brennessel

Urtica dioica   Brennesselgewächs

Merkmale: ausdauernd, unscheinbare, grünliche Blütenstände in den Blattachseln, Blätter gekreuzt gegenständig, ei- bis herzförmig, grob gezähnt, drüsig behaart, Stengel 4kantig, kriechender Wurzelstock, Höhe 30—100 cm. **Blütezeit:** VI—IX. **Standort:** stickstoffreiche Böden.

Gesehen am:

Ort:

Einbeere

Paris quadrifolia Liliengewächs; †

Merkmale: ausdauernd, 4zählige Blüte, grüne, lanzettliche Blütenblätter, meist 4 Blätter am vorderen Ende des Stengels in Quirlen, netzartig genervt, kahle Pflanze, schwarze, blaubereifte Beere, Höhe 30—40 cm. **Blütezeit:** V—VI. **Standort:** Laubwälder.

Gesehen am:

Ort:

Bergküchenschelle

Pulsatilla montana   Hahnenfußgewächs; ⚠ †

Merkmale: ausdauernde Rosettenpflanze, zwittrig, 5- bis mehrzählige Einzelblüten, dunkelviolett, grundständige Blätter, gefiedert, Rhizom, Höhe 10—25 cm. **Blütezeit:** III—V. **Standort:** Trockenrasen, 200—1500 m. **Verbreitung:** Alpen, Karpaten, Balkan, selten. **Besonderheit:** giftig! geschützt! Arzneipflanze. Vorsicht bei der Anwendung!

Gesehen am:

Ort:

Blauer Eisenhut

Aconitum napellus Hahnenfußgewächs; †

Merkmale: ausdauernde, aufrechte Staude, Blüte aus violetten Kelchblättern, helmförmig, ungespornt, Blütenblätter zu Honigblättern, Blätter groß, handförmig geteilt, 5–7teilig, oben dunkelgrün, unten hellgrün, glänzend, rübenförmiger Wurzelstock, Höhe 50–180 cm. **Blütezeit:** VI–VIII. **Standort:** Hochstaudenfluren, feuchte Standorte, 0–2000 m. **Verbreitung:** süd- und mitteleuropäische Gebirge. **Besonderheit:** Stickstoffanzeiger, stark giftig! Sammelverbot! Heilpflanze.

Gesehen am: **Ort:**

Wohlriechendes Veilchen

Viola odorata — Veilchengewächs

Merkmale: ausdauernde, stark duftende Rosettenpflanze, mit Ausläufern, dunkelviolette, langgespornte Blüte, Blätter ei- bis nierenförmig, gekerbt, Höhe 1—10 cm. **Blütezeit:** III—IV. **Standort:** Wegränder, Trockenwälder.

Gesehen am:

Ort:

Alpenglöckchen

Soldanella alpina — Primelgewächs

Merkmale: ausdauernde Rosettenpflanze, zwittrig, 1—3 Blüten, Rand bis zur Mitte geschlitzt, 5 Schlundschuppen, Griffel länger als die Blüte, violett, Blätter rundlich bis nierenförmig, grundständig, Höhe 5—15 cm. **Blütezeit:** IV—VI.
Standort: Schneetälchen, feuchte Weiden, 900—1800 m.
Verbreitung: Alpen, Apennin, Pyrenäen.

Gesehen am:

Ort:

Wiesensalbei

Salvia pratensis   Lippenblütler

Merkmale: ausdauernde Pflanze, blauviolette Blüten in Scheinquirlen, Hochblätter, Stengel vierkantig, Stengelblätter sitzend, klein, Grundblätter gestielt, unregelmäßig gekerbt oder gezähnt, ganze Pflanze borstig behaart, Höhe 20—60 cm. **Blütezeit:** V—VII. **Standort:** Wiesen, trockene Rasen.

Gesehen am:

Ort:

Tollkirsche

Atropa belladonna Nachtschattengewächs; †

Merkmale: ausdauernd, mehrere glockige, braunviolette Blüten in den Blattachseln der oberen Blätter, Blüten innen gelbgrün, Blätter gestielt, eiförmig, groß, ganzrandig, scheinbar gegenständig, Stengel verzweigt, Beere glänzend schwarz, Höhe bis 150 cm. **Blütezeit:** VI–VIII. **Standort:** Kahlschläge, Wegränder, Böschungen.

Gesehen am:

Ort:

Wiesenglockenblume

Campanula patula Glockenblumengewächs

Merkmale: einjährige oder zweijährige Pflanze, Blüte glockig, bis zur Mitte geschlitzt, blauviolett, Blüten in lockeren Rispen, leicht nickend, Stengelblätter lanzettlich, sitzend, Grundblätter verkehrt eiförmig, Höhe 30—60 cm. **Blütezeit:** V—VII. **Standort:** Wiesen, Wegränder.

Gesehen am:

Ort:

Wiesen-Storchschnabel

Geranium pratense   Storchschnabelgewächs

Merkmale: ausdauernd, 5 blaue bis blauviolette Kronblätter, verkehrt eiförmig, 10 Staubblätter, oberständiger Fruchtknoten, Blätter langgestielt, 5—7 fiederspaltige, gezähnte Abschnitte, ganze Pflanze borstig behaart, Höhe 30—60 cm. **Blütezeit:** VI—IX. **Standort:** Wiesen, Bachufer. **Vorkommen:** in Mitteleuropa teilweise selten oder fehlend.

Gesehen am:

Ort:

Stengelloser Enzian

Gentiana acaulis   Enziangewächs; ⚠

Merkmale: ausdauernd, zwittrige Rosettenpflanze, dunkelblau, große aufrechte Blüten, innen immer mit grünem Streifen, Grundblätter rosettig, breit, Höhe 5—10 cm. **Blütezeit:** V—VIII. **Standort:** Matten, Wiesen, 800—3100 m. **Verbreitung:** Alpen, Apennin. **Besonderheit:** gefährdet! geschützt! alte Heilpflanze.

Gesehen am:

Ort:

Sumpf-Vergißmeinnicht
Myosotis palustris Borretschgewächs

Merkmale: ausdauernd, ganze Pflanze behaart, 5 blaue, flach ausgebreitete Kronblätter, gelber Schlund, Kelch anliegend behaart, Knospen rosa, kantiger Stengel, sitzende, längliche Blätter, ganzrandig, Höhe 15—40 cm. **Blütezeit:** V—X. **Standort:** nasses Gelände, Wiesen; Nässeanzeiger.

Gesehen am:

Ort:

Lungenkraut
Pulmonaria officinalis   Borretschgewächs

Merkmale: ausdauernd, Blüten zuerst rot, dann blau, glokkig, kurzgestielt, Blätter wechselständig, herz-eiförmig, borstig-drüsig behaart, mit hellen Flecken, Stengel rauh behaart, Höhe 20—30 cm. **Blütezeit:** III—V. **Standort:** Mischwälder, Gebüsch, Wegränder.

Gesehen am:

Ort:

Beinwell

Symphytum officinale   Borretschgewächs

Merkmale: ausdauernd, Blüten blaurot, rot, weißgelb, in Doppelwickeln in den Blattachseln der oberen Blätter, Stengel aufrecht, hohl, behaarte Blätter, besonders auf der Unterseite, dicker Wurzelstock, außen schwarz, innen weiß, Höhe bis 1 m. **Blütezeit:** V—VII. **Standort:** feuchte Wiesen, Bachufer, Wegränder.

Gesehen am:

Ort:

Wegwarte

Cichorium intybus Korbblütler

Merkmale: ausdauernd, leuchtend blau, Zungen- und Röhrenblüten, Blütenköpfe einzeln in den Blattachseln, Stengelblätter lanzettlich, Grundblätter gefiedert, Stengel kantig, hohl, sparrig, ganze Pflanze mit weißem Milchsaft, Höhe bis 100 cm. **Blütezeit:** VII—IX. **Standort:** Wegränder, Ackerränder, Böschungen.

Gesehen am:

Ort:

Scheuchzers Glockenblume

Campanula scheuchzeri   Glockenblumengewächs

Merkmale: ausdauernd, dunkelblau, Glocken eher eng, 5zipflig, endständig oder zu endständigen Trauben, Stengel kahl, Stengelblätter lanzettlich am Grund bewimpert, Grundblätter rundlich bis herzförmig, Höhe 3—15 cm. **Blütezeit:** VI—IX. **Standort:** steiniger Boden, Rasenzwergstrauchheide, Schutt, bis über 3000 m. **Verbreitung:** Alpen, Pyrenäen.

Gesehen am:

Ort:

Sommer-Adonisröschen

Adonis aestivalis Hahnenfußgewächs; ⚠ †

Merkmale: einjährig, rot, 5—8 Kronblätter, am Grund mit schwarzem Fleck, Kelch kahl, 5 Kelchblätter, einzelne, langgestielte Blüten, Blätter mehrfach gefiedert, Höhe 30—50 cm. **Blütezeit:** V—VI. **Standort:** Unkraut auf Getreideäckern.

Gesehen am:

Ort:

Klatschmohn

Papaver rhoeas Mohngewächs; †

Merkmale: ein- bis zweijährige Pflanze, 4 rote Kronblätter mit schwarzem Fleck, Einzelblüten, Knospen nickend, borstig behaarte Kelchblätter, fallen zur Blüte ab, viele Staubblätter, kugelige Kapsel, borstiger Stengel, Blätter fiedrig, ganze Pflanze mit weißem Milchsaft, Höhe 30—80 cm. **Blütezeit:** V—VII. **Standort:** Magerwiesen, Getreidefelder, Schutt.

Gesehen am:

Ort:

Erdrauch (mit Acker-Stiefmütterchen m.)
Fumaria officinalis Erdrauchgewächs

Merkmale: einjährig, blaßrosa, Blüten in blattachselständiger Traube, Blüte gespornt, 2lippig, 2 Kelchblätter, Stengel stark verzweigt, Blätter doppelt gefiedert, blaugrün, Höhe 25—30 cm. **Blütezeit:** IV—X. **Standort:** Äcker, Gärten, Weingärten.

Gesehen am:

Ort:

Bach-Nelkenwurz
Geum rivale Rosengewächs

Merkmale: ausdauernd, zwittrig, mehrere nickende Blüten an behaartem Stengel, Blütenblätter verkehrt herzförmig, außen rosa, innen weißgelblich, Kelchblätter lanzettlich, Blätter gefiedert, untere Blätter langstielig, mit meist 3teiligem Endblättchen, Höhe 20—60 cm. **Blütezeit:** V—VI. **Standort:** feuchte Wiesen, Bachränder.

Gesehen am:

Ort:

Roter Steinbrech
Saxifraga oppositifolia Steinbrechgewächs; ⚠

Merkmale: ausdauernde Polsterpflanze, Blüten blühen rot auf, verblühen blau, 5 Blütenblätter, deutlich in 4 Reihen dichtbeblätterter Kriechstengel, Blätter gegenständig, starr, Höhe 2—5 cm. **Blütezeit:** III—VII. **Standort:** steinige Rasen, Felsen, Grate, 1700—3500 m. **Vorkommen:** Alpen, Skandinavien. **Besonderheit:** geschützt!

Gesehen am:

Ort:

Dorniger Hauhechel
Ononis spinosa Schmetterlingsblütler

Merkmale: ausdauernd, rote Einzelblüten am Ende der Stengel in den Achseln der Blätter, obere Blätter ungeteilt, untere geteilt, in den Achseln 2 Dornen, Höhe 40—50 cm. **Blütezeit:** VII—X. **Standort:** Ödland, Bahndämme, Wegränder.

Gesehen am:

Ort:

Kuckuckslichtnelke

Lychnis flos-cuculi   Nelkengewächs

Merkmale: ausdauernd, rote, 5 tief 4spaltige Kronblätter, Blüten in Trugdolde, Stengel in Nodien und Internodien, Stengelblätter gegenständig, untere Blätter spaltig, Höhe 30—80 cm. **Standort:** feuchte Wiesen, Flachmoore.

Gesehen am:

Ort:

Rote Lichtnelke

Silene dioica Nelkengewächs

Merkmale: einjährig bis ausdauernd, zweihäusig, weich behaart, rote, eingeschlechtliche Blüten, 5 Kronblätter, zweispaltig mit Schlundschuppe, Blüten zu lockerer Rispe, gegenständige Blätter, Höhe 30—100 cm. **Blütezeit:** IV—VIII. **Standort:** feuchte Wiesen, Auwälder; Nässeanzeiger.

Gesehen am:

Ort:

Berg-Hauswurz

Sempervivum montanum Dickblattgewächs; ⚠

Merkmale: ausdauernde Rosettenpflanze mit Ausläufern, zwittrig, dunkelrot bis rosa, 12—16 Blütenblätter, doldiger Blütenstand, Stengel und fleischige Stengelblätter drüsig behaart, Grundblätter zu kleinen, dichten Rosetten, Höhe 5—15 cm. **Blütezeit:** VII—VIII. **Standort:** Schutt, Gestein, Felsen, 1900—3500 m. **Verbreitung:** Alpen, Apennin, Pyrenäen. **Besonderheit:** geschützt!

Gesehen am:

Ort:

Mehlprimel

Primula farinosa Primelgewächs; ⚠

Merkmale: ausdauernde Rosettenpflanze, zwittrig, 5 rosa Blütenblätter, zu kurzer Röhre verwachsen, Schlund gelb, verwachsener Kelch, gleich lang wie die Blütenröhre, Stengel bemehlt, Blätter grundständig, unterseits dick bemehlt, Rand gekerbt, Höhe 5—20 cm. **Blütezeit:** V—VII. **Standort:** feuchte Wiesen.

Gesehen am:

Ort:

Roter Fingerhut

Digitalis purpurea Braunwurzgewächs; †

Merkmale: zweijährig, dunkelrot mit umrandeten Flecken, Röhre mit 2 Lappen, bauchig, Oberlippe 2lappig, Unterlippe 3lappig, einseitswendige Blütentraube, Blätter eiförmig, gestielt, behaart, in Rosette, gezähnt, Höhe bis 150 cm. **Blütezeit:** VI—VIII. **Standort:** lichte Wälder, Schläge, Wegränder.

Gesehen am:

Ort:

Rote Pestwurz

Petasites hybridus Korbblütler

Merkmale: ausdauernde Pflanze, rötlich, ausschließlich Röhrenblüten, mehrere Köpfe zu Traube zusammengesetzt, Blüte entsteht vor den Blättern, Blätter bis 1 m lang und 60 cm breit, nierenförmig, mit basalem Lappen und gezähntem Rand, Höhe 60—120 cm. **Blütezeit:** III—V. **Standort:** nasse Wiesen und Ufer.

Gesehen am:

Ort:

Diptam

Dictamnus albus Rautengewächs; ⚠ †

Merkmale: ausdauernde Pflanze, Blüte rosa oder mit dunkler Aderung, ungleiche Blütenblätter, Staubblätter lang hervorstehend, in lockerer Traube; Blätter unpaarig gefiedert, Fiedern gesägt; Stengel drüsig behaart; Höhe 50–100 cm. **Blütezeit:** V–VI. **Standort:** trockene Waldränder, auf Kalk. **Besonderheit:** Heilpflanze, nach Zitrone riechend.

Gesehen am:

Ort:

Malve

Malva sylvestris　　　　　　　　　　Malvengewächs

Merkmale: ausdauernd, rosa bis violett, 5 Kelchblätter, 5 Kronblätter, Blüten in den Blattachseln, tief gebuchtete Kronblätter mit dunkler Aderung, viele Staubblätter, Blätter wechselständig, langgestielt, gelappt, Rand gesägt, Blattstengel behaart, verzweigter, stark behaarter Stengel, Höhe 30—100 cm. **Blütezeit:** VII—X. **Standort:** trockene Böden, Hecken, Schutt, Wegränder.

Gesehen am:

Ort:

Herbstzeitlose

Colchicum autumnale Liliengewächs; † ⚠

Merkmale: ausdauernde, einkeimblättrige Pflanze, 6 rosa bis rote Kronblätter, zur Röhre verwachsen (weißlicher „Stiel"), Einzelblüten mit 6 Staubblättern, 3 Griffel, zur Blütezeit ohne Blätter, im Frühjahr fleischige, tulpenähnliche Blätter, umgeben die Fruchtkapseln, Höhe 5—20 cm. **Blütezeit:** VIII—X. **Standort:** feuchte Wiesen, Auwälder.

Gesehen am:

Ort:

Türkenbund

Lilium martagon   Liliengewächs; ⚠

Merkmale: einkeimblättrige, ausdauernde, aufrechte Pflanze, zwittrig, Blüte purpur, rosa, weiß, 6zählig, nickend, in lockerer Traube, Blütenblätter nach oben gebogen, Blätter in Quirlen, ganzrandig, eiförmig, Zwiebel, Höhe 30–100 cm. **Blütezeit:** VI–VIII. **Standort:** Wiesen, Wälder, Matten, 200–2500 m. **Verbreitung:** Alpen, Apennin, Kaukasus, häufig. **Besonderheit:** geschützt! Heilpflanze.

Gesehen am:

Ort:

Feuerlilie

Lilium bulbiferum Liliengewächs; ⚠

Merkmale: ausdauernde, einkeimblättrige Zwiebelpflanze, einhäusig, orangerot, 6 Blütenblätter mit dunklen Flecken im Inneren, einzelne Blüten oder doldige Blütenstände, Blätter schmal, spiralig stehend, Höhe 30—90 cm.
Blütezeit: VI—VII. **Standort:** Wiesen, Matten, Geröll, Wälder, 300—2000 m. **Verbreitung:** Mittel- und Südeuropa. **Besonderheit:** gefährdet!

Gesehen am:

Ort:

Geflecktes Knabenkraut
Orchis maculata Orchideengewächs; ⚠

Merkmale: einkeimblättrige, ausdauernde, aufrechte Pflanze, zwittrig, viele rosarote Blüten zu ovaler Ähre, Einzelblüte mit purpurroten Strichen, Flecken und Bögen, besonders Unterlippe, Sporn, Stengel hellgrün, gerippt, Knolle, Blätter gefleckt, Höhe bis 60 cm. **Blütezeit:** V–VI. **Standort:** Wiesen, Halbtrockenrasen. **Besonderheit:** Heilpflanze.

Gesehen am:

Ort:

Zittergras
Briza media   Rispengras

Merkmale: ausdauernd; in Rasen oft mit kurzen Ausläufern, aufrechter Halm, Blattspreite am Rand rauh, schmal; breite, lockere Rispe, Ährchen herzförmig an fein gekräuselten Stielen; Höhe 20—50 cm. **Blütezeit:** V—VI. **Standort:** mineralreiche, trockene Böden.

Gesehen am:

Ort:

Wiesenknäuelgras

Dactylis glomerata Rispengras

Merkmale: ausdauernd; aufrechter Halm, Blattscheiden rauh, Spreiten graugrün, breit; Rispen mit langgestielten Rispenästen, Ährchen violett überlaufen, am Astende gehäuft; Höhe 30—100 cm. **Blütezeit:** V—VI. **Standort:** schwere Lehmböden.

Gesehen am:

Ort:

Straußgras

Agrostis tenuis Rispengras

Merkmale: ausdauernd; dünner, leicht knickender Halm; flache Blätter, lockere Rispe bis 15 cm, fein gestielte, einblütige Ährchen; Höhe 30—90 cm. **Blütezeit:** VI—VII. **Standort:** Anzeiger mittlerer Böden.

Gesehen am:

Ort:

Wiesenfuchsschwanz

Alopecurus pratensis Ährenrispengras

Merkmale: ausdauernd; aufrechter oder am Grund leicht geknickter Halm, glatte Blattscheiden, breite Spreite mit rauher Oberseite, walzenförmige Scheinähre; 4—8 cm, kurze, seidige Grannen; Höhe 30—100 cm. **Blütezeit:** V—VI. **Standort:** feuchte, schwere Böden.

Gesehen am:

Ort:

Gemsenbinse

Juncus jaquinii Binsengewächs

Merkmale: Einzelblüten unscheinbar, schwarzbraun, Staubbeutel gelb, Narben rot und schraubig gewunden, Blüten kopfig, gestielt, Stengel und Blätter stengelrund, Pflanze, dichtrasig, Höhe 15—25 cm. **Blütezeit:** VII—X. **Standort:** Moor, feuchte Stellen, 1700—3000 m. **Verbreitung:** Zentralalpen.

Gesehen am:

Ort:

Scheuchzers Wollgras

Eriophorum scheuchzeri Sauer- und Riedgras

Merkmale: einkeimblättrig, locker, mit Ausläufern, zwittrig, Blütenähren mit weißem Haarbusch, Stengel rund, wenig aufgeblasene oberste Blattscheide, kurze, breite Spreite, Höhe 15—30 cm. **Blütezeit:** VII—VIII. **Standort:** Tümpel, Wasserläufe, 1500—2600 m. **Verbreitung:** Alpen.

Gesehen am:

Ort:

Breitblättriger Rohrkolben
Typha latifolia Rohrkolbengewächs

Merkmale: ausdauernd, in Rasen, aufrecht, Blätter 2 cm breit, länger als Kolben; Kolben 10—50 cm. **Blütezeit:** VII—VIII. **Standort:** Uferzonen nährstoffreicher Gewässer, bis 1 m Tiefe.

Gesehen am:

Ort:

Laubgehölze & Nadelgehölze

Im wesentlichen unterscheidet man zwischen Laub- und Nadelgehölzen. Die meisten Laubbäume unserer Breiten sind sommergrün, viele tragen nutzbare Früchte. Die meisten Nadelbäume sind wintergrün, ihre Früchte sind in holzigen Zapfen enthalten.

Wie alle Blütenpflanzen (ohne Baumfarne) sind sie in **Wurzel, Sproßachse, Blätter** und **Blüten** gegliedert. Die **Wurzel** dient der Verankerung der Pflanze im Boden und versorgt sie mit gelösten, lebensnotwendigen Nahrungsstoffen aus dem Boden. Die meisten Wurzeln der Nadelbäume leben in Symbiose mit Pilzen.

Die **Sproßachse** (Stamm, Äste) ist verholzt, bei Halbsträuchern nur die Basis der Jahrestriebe. Im Querschnitt sind von außen nach innen zu erkennen: **Borke** (Bast- und Korkschichten); **Rinde** (transportiert alle Produkte der Photosynthese); **Holzkörper** (Holzbildungsschicht = Kambium scheidet nach innen Holzteil = Xylem und nach außen Bastteil = Phloem ab), durch große Zellengänge erfolgt der Wassertransport, je nach Jahreszeit wachsen die Bäume verschieden stark = Jahresringe; das **Mark** besteht aus abgestorbenen Zellen. Den Nadelbäumen fehlen diese Wassergänge, sie besitzen 5 mm lange Zellen = Tracheiden. Den Wassertransport führen die Zellen des Xylems aus. Die Nadelbäume besitzen außerdem ein Netz von Harzgängen. Die **Blätter** der Laubbäume unterscheiden sich im Aufbau nicht von den übrigen Blütenpflanzen. Die der Nadelbäume sind meist mehrjährig (außer Lärche). Die Nadeln haben verschiedene Querschnitte und stehen immer schraubig am Ast. An der Basis befinden sich Schuppenblätter, gegenständig oder in 3zähligen Wirteln. Die **Blüten** der Laubgehölze stimmen mit denen der übrigen Blütenpflanzen überein. Die Nadelbäume gehören zur Unterabteilung der Nacktsamer (Gymnospermen). Die Blüten sind eingeschlechtlich. Oft sind die Bäume auch zweihäusig. Alle sind windblütig, deshalb werden viele Pollen entwickelt. Das einzelne Pollenkorn besitzt Luftsäcke, um einen besseren Flug zu ermöglichen. Die ♀ Blüten sitzen in zapfenartigen Fruchtständen; sie bestehen nur aus 1 Fruchtblatt, die Samenanlage liegt frei. Sie besitzen keinen Griffel und keine Narbe. Die Reife der Zapfen dauert unterschiedlich lang. Je nach Witterung und Luftfeuchtigkeit streuen die Zapfen geflügelte Samen aus. Bei Bäumen mit aufrechten Zapfen zerfallen diese.

Wacholder

Juniperus communis Zypressengewächs

Merkmale: immergrüner, schlanker Strauch; unscheinbare, zweihäusige Blüten; blaue, zapfige Frucht, die einer Beere ähnelt; Höhe bis 10 m. **Blütezeit:** IV—VI. **Standort:** warm, trocken, saure Böden.

Gesehen am:

Ort:

Felsenbirne

Amelanchier ovalis   Rosengewächs

Merkmale: sommergrüner, stark verzweigter Strauch; Borke schwarz, Rinde graubraun; Blätter wechselständig, gestielt, unterseits dicht behaart, gesägt, im Herbst kräftig färbend; Blüten weiß, 5zählig, 20 Staubblätter; eßbare, erbsgroße Früchte; Höhe 1—3 m. **Blütezeit:** IV—V. **Standort:** Pionierpflanze, Felsspalten, bis 2000 m.

Gesehen am:

Ort:

Himbeere

Rubus idaeus   Rosengewächs

Merkmale: sommergrüner Strauch, Äste bestachelt; weiße Kronblätter, Blüten in lockerer Traube; Blätter gefiedert, am Rand doppelt gesägt; Höhe 150—200 cm. **Blütezeit:** V—VI. **Fruchtreife:** VII—VIII.

Gesehen am:

Ort:

Brombeere

Rubus fruticosus Rosengewächs

Merkmale: sommergrüner Strauch, Stengel und Blätter bestachelt; Blätter langgestielt, wechselständig, gefiedert, 3—5zählig, Fiedern grob gesägt, Unterseite weiß-filzig; Blüten rosa bis weiß, in Rispen, 5 Kronblätter; Höhe bis 230 cm. **Blütezeit:** V—VIII. **Fruchtreife:** VIII—X. **Standort:** Wälder, Kahlschläge, Lichtungen, Gebüsche.

Gesehen am:

Ort:

Heckenrose

Rosa canina Rosengewächs

Merkmale: sommergrüner Strauch, Spreizklimmer, hakige Stacheln; 5—7zählige Blätter, unpaarig gefiedert, gesägt, wechselständig; rosa bis weiße Kelchblätter nach hinten gebogen; Früchte fleischig, rot, eiförmig; Höhe bis 3 m.
Blütezeit: V—VI. **Fruchtreife:** IX—X. **Standort:** Wald- und Wegränder, Gebüsch, Kahlschläge.

Gesehen am:

Ort:

Schlehe

Prunus spinosa   Rosengewächs

Merkmale: sommergrüner, dorniger Strauch; weiße Blüten; kleine, kugelige, blaue Früchte; Blätter wechselständig, verkehrt eiförmig, gesägt; Höhe bis 4 m. **Blütezeit:** III—IV. **Fruchtreife:** IX—X. **Standort:** Waldränder, Wegränder, Hecken.

Gesehen am:

Ort:

Seidelbast

Daphne mezereum   Seidelbastgewächs
Tödlich giftig! R!

Merkmale: sommergrüner Strauch; graubraune Rinde; Blätter nach der Blüte erscheinend, schmal, wechselständig, ganzrandig; Blüten in Büscheln am Ende des Hauptastes, rosa, ohne Kronblätter, Kelch bildet Röhre, 8 Staubblätter, Fruchtknoten oberständig; Beeren leuchtend rot, mit Stein; Höhe bis 150 cm. **Blütezeit:** II–IV. **Standort:** Laub- und Mischwälder.
Gesehen am:

Ort:

Sanddorn

Hippophaë rhamnoides Ölweidengewächs

Merkmale: sommergrüner, zweihäusiger Strauch; Rinde graubraun; Dornen; Blätter schmal, wechselständig, weißfilzig, später Oberseite kahl, ganzrandig; eingeschlechtliche, grünbraune Blüten, ♂ sitzen in kurzen Trauben, 4 Staubblätter, Kelchblätter zu Dach, ♀ mit Kelchhülle, kurz gestielt; Beeren orange, eiförmig; Höhe bis 10 m. **Blütezeit:** III—IV. **Standort:** Pionierpflanze auf Schotter und Sand. **Besonderheit:** Früchte besonders reich an Vitamin C, Öl.

Gesehen am: **Ort:**

Berberitze

Berberis vulgaris Sanddorngewächs

Merkmale: sommergrüner Strauch; graubraune Triebe mit Dornen an der Basis der Kurztriebe; Blätter in Büscheln, elliptisch, gezähnt; Blüten in Trauben, gelb, 6zählig; Frucht als Beere mit Stein, reich an Vitamin C; Höhe bis 3 m.
Blütezeit: IV—VI. **Standort:** halbschattig an Waldrändern.
Besonderheit: Zwischenwirt für Getreide-Schwarzrost (Puccinia graminis).

Gesehen am:

Ort:

Pfaffenhütchen

Euonymus europaea Spindelbaumgewächs; †

Merkmale: sommergrüner Strauch, stark verzweigt; Rinde grau mit Längsrissen; Blätter gegenständig, gesägt, lanzettförmig, auf der Unterseite heller; Blüten in Dolden, 4zählig, Nektarscheibe, roter Fruchtmantel, oranger Samenmantel; Höhe 2—6 m. **Blütezeit:** V—VI. **Standort:** Waldränder, Haine, Mischwälder.

Gesehen am:

Ort:

Hartriegel

Cornus sanguinea   Hartriegelgewächs

Merkmale: sommergrüner Strauch mit roten Zweigen; Blätter gegenständig, ganzrandig, zugespitzt, behaart; Blüten weiß, 4zählig, am Ende junger Triebe, Nektarscheibe; blaue Steinfrucht; Höhe 1,5–5 m. **Blütezeit:** V–VI. **Standort:** Auwälder; Pionierpflanze.

Gesehen am:

Ort:

Stumpfblättrige Weide

Salix retusa   Weidengewächs

Merkmale: zweihäusiger Spalierstrauch mit wurzelnden Ästen; wenige Blüten in lockeren Kätzchen, gelb; Blätter doppelt so lang wie breit, an der Spitze stumpf oder ausgerandet, kahl, dunkelgrün, später gelb verfärbend; Höhe 5–10 cm. **Blütezeit:** VI–X. **Standort:** Felsen, Schutt, Geröll, auf Kalk, 1500–2500 m. **Verbreitung:** Alpen, Pyrenäen, Apennin.

Gesehen am:

Ort:

Netzblättrige Weide

Salix reticulata Weidengewächs; ⚠

Merkmale: kriechender, stark verästelter Zwergstrauch; zweihäusig, langgestielt, Kätzchen rostrot; Blätter grün, netzadrig, behaart; Höhe 3—8 cm. **Blütezeit:** VII—VIII. **Standort:** Polsterseggenrasen, Zwergstrauchheiden, 1700—2500 m. **Vorkommen:** Alpen, Pyrenäen, Jura. **Besonderheit:** teilweise geschützt!

Gesehen am:

Ort:

Haselnuß

Corylus avellana Birkengewächs

Merkmale: sommergrüner, vielstämmiger, windblütiger Strauch; graubraune Rinde; Blätter kurz gestielt, kreis- bis herzförmig mit deutlicher Spitze, doppelt gesägt; Blüten ♂ gelbe, hängende Kätzchen an Zweigende oder Blattachsel, ♀ mit roten Narben; Frucht als fettreiche Nüsse; Höhe 2—3 m. **Blütezeit:** II—IV. **Standort:** Waldränder, Haine.

Gesehen am:

Ort:

Rostblättrige Alpenrose

Rhododendron ferrugineum   Heidekrautgewächs; ⚠

Merkmale: Strauch, zwittrig; Blüten trichterförmig, Einzelblüten zu endständiger Dolde, dunkelrot, manchmal heller oder weiß; Blätter immergrün, oval, mit eingerolltem Rand, auf der Unterseite rostbraune Drüsenschuppen; Höhe 50—150 cm. **Blütezeit:** V—VIII. **Standort:** in Zirben- und Latschenwäldern, 1500—2400 m. **Verbreitung:** Zentralalpen, Pyrenäen, Apennin. **Besonderheit:** teilweise geschützt!

Gesehen am: **Ort:**

Niederes Felsenröschen

Loiseleuria procumbens　　　　Heidekrautgewächs

Merkmale: flacher, rasenartiger Zwergstrauch; am Zweigende 2—5 Blüten, rote, 5zipflige Blüte, deutlich glockig, Staubbeutel dunkelrot; Blätter ledrig, gegenständig, mit eingerolltem Rand; Höhe 15—30 cm. **Blütezeit:** VI—VII. **Standort:** steiniger Boden, 1500—2500 m. **Verbreitung:** europäische Hochgebirge, Arktis, Erstbesiedler.

Gesehen am:

Ort:

Preiselbeere
Vaccinium vitis-idaea   Heidekrautgewächs

Merkmale: dichtverzweigter Zwergstrauch, immergrün; weiß bis rosa, glockige Blüten in hängenden Trauben; Blätter klein, ledrig, ganzrandig; rote Beeren; Höhe 10—30 cm.
Blütezeit: VI—VII. **Fruchtreife:** IX—X. **Standort:** trockene Nadelwälder, Zwergstrauchheiden.

Gesehen am:

Ort:

Schneeheide

Erica carnea Heidekrautgewächs; ⚠

Merkmale: Zwergstrauch; zwittrig, Blüten klein, glockenförmig, 4zipflig, Staubblätter länger als die Blüten, fleischrot; Blätter nadelartig, in Wirteln um den Stengel; Höhe 15—40 cm. **Blütezeit:** I—IV. **Standort:** Zwergstrauchheiden, Schutthalden, 1500—2200 m. **Verbreitung:** Alpen, Apennin, kalkliebend. **Besonderheit:** teilweise geschützt!

Gesehen am:

Ort:

Liguster
Ligustrum vulgare Ölbaumgewächs; †

Merkmale: manchmal wintergrüner Strauch, reich verzweigt; graue Rinde; Ausläufer treibend; wechselständige Blätter, ledrig; Blüten 4zählig, weiß, in Dolden; Höhe bis 5 m. **Blütezeit:** VI—VII. **Standort:** Hecken, lichte Wälder, Gebüsche. **Besonderheit:** Beeren giftig!

Gesehen am:

Ort:

Schwarzer Holunder

Sambucus nigra   Geißblattgewächs

Merkmale: ausdauernder Strauch oder Baum; weiß blühend; Blüten mit 5 Kronblättern zu Trugdolde; Blätter gegenständig, unpaarig gefiedert, gesägt, gestielt, Triebe anfangs mit weißem Mark; Höhe 5—10 m. **Blütezeit:** VI—VII. **Fruchtreife:** VIII—IX.

Gesehen am:

Ort:

Traubenholunder

Sambucus racemosa Geißblattgewächs; †

Merkmale: sommergrüner Strauch; Zweige mit dickem, gelbbraunem Mark; Blätter unpaarig gefiedert, Fiederblätter gesägt; kleine Blüten in eiförmigen Dolden, 5zählig; rote Steinfrüchte mit 3kantigem Stein; Höhe 1—3,5 m. **Blütezeit:** IV—V. **Standort:** Kahlschläge, Lichtungen.

Gesehen am:

Ort:

Gemeiner Schneeball

Viburnum opulus Geißblattgewächs

Merkmale: sommergrüner Strauch; Borke grau bis graubraun; gegenständige Blätter, lang gestielt, am Stielende Nektardrüsen, Spreite 3—5lappig, gebuchtet, gezähnt, Unterseite behaart; Blüten weiß, 5zählig, in Schirmrispen mit unfruchtbaren, vergrößerten Randblüten; rote Steinfrucht; Höhe bis 4 m. **Blütezeit:** V—VI. **Standort:** Hecken, Auwälder, Gärten, Wälder.

Gesehen am:

Ort:

Traubenkirsche

Prunus padus Rosengewächs

Merkmale: sommergrüner Busch oder Baum; Rinde glatt, schwarzgrau; Blätter wechselständig, gesägt, länglich-elliptisch, 2 Nektarien; Blüten weiß, in Trauben, 5zählig; Frucht blauschwarz mit Stein; Höhe bis 10 m. **Blütezeit:** IV–V. **Standort:** feucht, Lehm- und Tonböden.

Gesehen am:

Ort:

Eberesche

Sorbus aucuparia Rosengewächs

Merkmale: sommergrüner Baum oder mehrstämmiger Strauch; Rinde grau, anfangs behaart; Blätter unpaarig gefiedert, Teilblätter gesägt, unterseits locker behaart, im Herbst rot färbend; Blüten in Dolden, weiß, filzig behaart, 20 Staubblätter; Früchte orange bis rot mit großem Stein; Höhe bis 15 m. **Blütezeit:** V—VI. **Standort:** Waldränder, Lichtungen. **Besonderheit:** hoher Vitamin-C-Gehalt der Früchte sowie Carotin, Gerbstoffe, Sorbit (Zuckerersatz).
Gesehen am:

Ort:

Weißdorn

Crataegus monogyna — Rosengewächs

Merkmale: sommergrüner Baum oder Strauch; weiße Blüten zu endständiger Dolde; Blätter mit kurzem Stiel, rautenförmig, tiefspaltig, die Lappenspitzen gesägt; Frucht oval, rot, mit Stein; Höhe 2–10 m. **Blütezeit:** V–VI. **Fruchtreife:** VIII–X. **Standort:** Waldränder, Gebüsch, Hecken.

Gesehen am:

Ort:

Salweide

Salix caprea Weidengewächs; ⚠

Merkmale: sommergrüner, windblütiger, zweihäusiger Strauch oder Baum; Rinde grau bis braunschwarz; Blätter wechselständig, breit, oval, gestielt, Unterseite behaart, ganzrandig bis gezähnt; Blüten in eingeschlechtlichen Kätzchen vor den Laubblättern, ♂ gelb; Höhe bis 10 m. **Blütezeit:** III—V. **Standort:** feucht, an Wald- und Wegrändern; Pionierpflanze. **Besonderheit:** ausgezeichnete Bienenweide.
Gesehen am:

Ort:

Platane

Platanus x acerifolia Platanengewächs

Merkmale: sommergrüner, einhäusiger, windblütiger Baum; Borke gelbgrau, löst sich in Platten; Blätter wechselständig, in der Form ähnlich Spitz-Ahorn (Acer platanoides), Nebenblätterkragen; Blüten in Kugeln hängend; Höhe 35 m. **Blütezeit:** V. **Standort:** Parks, Alleen.

Gesehen am:

Ort:

Linde

Tilia cordata Lindengewächs

Merkmale: sommergrüner Baum; mit schwärzlichgrauer Borke; gelblichweiße Blütenblätter, lange Staubblätter, Stiel des Blütenstandes mit verwachsenem Hochblatt; Blätter schief herzförmig, gesägt, Oberseite grün, Unterseite gräulicher; Höhe bis 30 m. **Blütezeit:** VI—VII. **Fruchtreife:** VIII—IX. **Standort:** Laubwälder, Alleen.

Gesehen am:

Ort:

Berg-Ahorn
Acer pseudoplatanus Ahorngewächs

Merkmale: sommergrüner Baum; silbrige Schuppenborke; Blätter gegenständig, lang gestielt, 5lappig, gesägt; Blüten in traubigen Rispen, 5zählig; Frucht einsamig mit Flugapparat; Höhe bis 30 m. **Blütezeit:** IV—V. **Standort:** Mischwälder, halbschattig bis schattig.

Gesehen am:

Ort:

Roßkastanie

Aesculus hippocastanum Roßkastaniengewächs

Merkmale: sommergrüner Baum; Rinde längsrissig, graubraun; Winterknospen stark klebend; Blätter gegenständig, gefingert, Teilblättchen gezähnt, verkehrt eiförmig, langer Blattstiel; Blüte weiß, in Scheinrispen (30 cm); zwittrig oder ♂; 3 Samen in stacheliger Fruchthülle; Höhe bis 25 m. **Blütezeit:** IV—V. **Standort:** Parks, Alleen.

Gesehen am:

Ort:

Birke

Betula pendula   Birkengewächs

Merkmale: sommergrüner Baum; Rinde schwarzweiß, Borke teilweise tief gefurcht; Blätter wechselständig, herzförmig, doppelt gesägt; Blüten eingeschlechtlich; Höhe bis 25 m. **Blütezeit:** IV—V. **Standort:** lichte Laubwälder, Moore, Auen, Magerwiesen.

Gesehen am:

Ort:

Schwarzerle

Alnus glutinosa   Birkengewächs

Merkmale: sommergrüner, einhäusiger Laubbaum; Borke schwarzbraun zerklüftet; wechselständige Blätter, gestielt, an der Spitze stumpf oder ausgerandet, gezähnt; Blüten in kleinen Zapfen, blattachsenständig, ♂ Kätzchen; Höhe 10—25 m. **Blütezeit:** III—IV. **Standort:** feuchte bis nasse Ränder der Gewässer, Moore, Auwälder.

Gesehen am:

Ort:

Rotbuche

Fagus sylvatica Buchengewächs

Merkmale: sommergrüner Baum; weißgrüne, glatte Rinde; stark verzweigt; Blätter elliptisch, ganzrandig bis gewellt, oberseits blank, unterseits behaart; Blüte eingeschlechtlich, ♂ kugelig hängend, ♀ 2blütig in Fruchtbecher; Frucht als 3kantige, einsamige Nuß; Höhe 25-40 m. **Blütezeit:** IV—V. **Standort:** feuchter, lockerer Lehmboden.

Gesehen am:

Ort:

Edelkastanie

Castanea sativa   Buchengewächs

Merkmale: sommergrüner Laubbaum; Borke dunkelbraun, längsrissig; Blätter wechselständig, gestielt, gezähnt; Blütenstände der eingeschlechtlichen Blüten bis 30 cm; stacheliger Fruchtbecher mit 1—3 Nüssen; Höhe bis 30 m. **Blütezeit:** VI—VII. **Standort:** Laubmischwälder, kalkmeidend, wärmeliebend.

Gesehen am:

Ort:

Eiche

Quercus robur   Buchengewächs

Merkmale: sommergrüner Baum; tiefgefurchte Rinde; Blätter buchtig gelappt, Oberseite glänzend, Unterseite matt; einhäusige Blüten; eiförmige Frucht von Fruchtbecher umhüllt; Höhe bis 40 m. **Blütezeit:** IV—V. **Fruchtreife:** IX—X. **Standort:** Laub- und Mischwälder, Eichenwälder.

Gesehen am:

Ort:

Walnuß

Juglans regia Walnußbaumgewächs

Merkmale: sommergrüner, einhäusiger, windblütiger Laubbaum; Borke schwarzbraun; lange, unpaarig gefiederte, ganzrandige Blätter; ♂ Blüten, Kätzchen, ♀ am Ende der jungen Triebe; Steinfrucht; Höhe 10—25 m. **Blütezeit:** IV—V. **Standort:** nährstoffreiche, tiefgründige Böden.

Gesehen am:

Ort:

Feldulme

Ulmus minor   Ulmengewächs

Merkmale: sommergrüner Laubbaum; Borke grau bis graubraun, feldrig längs gerissen; Blätter wechselständig, 2zeilig, Mittelrippe nicht symmetrisch in der Mitte, doppelt gesägt; Blüten in Büscheln, unscheinbar; Früchte verkehrt eiförmig; Höhe bis 40 m. **Blütezeit:** III–IV. **Standort:** Auwälder, feuchte Hangwälder. **Besonderheit:** stark vom Pilz Ophiostoma ulmi befallen.

Gesehen am:

Ort:

Esche

Fraxinus excelsior Ölbaumgewächs

Merkmale: sommergrüner, windblütiger Baum; Borke grau, längsrissig; Rinde olivgrün; Blätter gegenständig, unpaarig gefiedert, gezähnt, Unterseite entlang der Adern wollig rot behaart; Blüten in Rispen vor den Blättern erscheinend, zwittrig oder eingeschlechtlich, ohne Blütenblätter; Frucht mit Drehschrauben-Flügelorgan; Höhe 30—40 m. **Blütezeit:** V. **Standort:** feuchte Böden.

Gesehen am:

Ort:

Eibe

Taxus baccata   Eibengewächs; **R**! †

Merkmale: immergrüner, zweihäusiger Nadelbaum, oft mehrstämmig oder Komplexstamm; tiefgefurchte, rotbraun geschuppte Rinde; fast waagrechte Äste, reich verzweigt; Nadeln schraubig angeordnet, flach, lederig, Mittelrippe deutlich, Oberseite glänzend, Unterseite graugrün; Blüte ♂ an Zweigspitzen, ♀ einzeln am Zweigende; Same als Scheinbeere mit fleischiger, roter Hülle; Höhe bis 18 m. **Blütezeit:** III—IV. **Standort:** einzeln in feuchten Laubwäldern. **Besonderheit:** keine Harzgänge.

Gesehen am: **Ort:**

Lärche

Larix decidua Kieferngewächs

Merkmale: sommergrüner, einhäusiger Nadelbaum; grau- bis rotbraune Borke in Schuppen; Äste in Quirlen waagrecht abstehend; Nadeln in Büscheln, weich, kurz, flach, stumpf; Blüten ♂ vor den Nadeln, gelb, ♀ nach den Blättern, rosa bis rot; kleine stehende Zapfen, fallen nicht ab; Höhe bis 40 m. **Blütezeit:** III–IV. **Standort:** nährstoffreiche Ton- und Lehmböden.

Gesehen am:

Ort:

Schwarzkiefer

Pinus nigra — Kieferngewächs

Merkmale: immergrüner, einhäusiger Nadelbaum; Schuppenborke schwarzbraun, Äste in Scheinquirlen, 2nadelig, selten 3nadelig; Nadeln steif, spitz, dunkelgrün, halbkreisförmiger Querschnitt; Blüten walzenförmig (♂), gelb; ♀ aufrecht; Zapfen hängen an kurzen Stielen, abfallend; Höhe bis 40 m. **Blütezeit:** V–VI. **Standort:** nährstoffreiche Lehm- und Sandböden.

Gesehen am:

Ort:

Föhre

Pinus sylvestris   Kieferngewächs

Merkmale: immergrüner, einhäusiger Nadelbaum; dicke grau- bis rotbraune Borke; Nadeln bis 7,5 cm, deutlich gedreht, 2nadelig, steif, halbkreisförmiger Querschnitt; Blüten ♂ walzenförmig, gelb, ♀ rot, endständig; kugelige Zapfen, Schuppen mit Höcker; Höhe bis 35 m. **Blütezeit:** V. **Standort:** sandig, trocken.

Gesehen am:

Ort:

Zirbe
Pinus cembra   Kieferngewächs

Merkmale: immergrüner, einhäusiger Nadelbaum; Äste in dichten Scheinquirlen; graugrüne Rinde; 5nadelig, dicht stehend, Querschnitt fast dreieckig, spitz, Rand fein gesägt; Blüten ♂ gelb, ♀ rot, aufrecht; aufrechte Zapfen, rot- bis kupferbraune, ungeflügelte Samen; Höhe 10—20 m.
Blütezeit: VI. **Standort:** an der Waldgrenze auf kalkarmem Boden.

Gesehen am:

Ort:

Weißtanne

Abies alba Kieferngewächs

Merkmale: immergrüner Nadelbaum; helle, silbriggraue Schuppenborke, Nadeln flach, ovaler Querschnitt, Unterseite silberweiße Spaltöffnungsstreifen, erhabene Mittelrippe; einhäusig, ♀ hellgrün, zylindrisch; ♂ gelblich; stehende Zapfen. **Blütezeit:** V–VI. **Standort:** auf nährstoffreichen Lehm- und Tonböden; zunehmend durch Luftverschmutzung im Bestand gefährdet!

Gesehen am:

Ort:

Gemeine Fichte

Picea abies   Kieferngewächs

Merkmale: immergrüner, einhäusiger Nadelbaum; Borke rotbraun; Äste in Scheinquirlen; Nadeln steif, quirlig um den Ast, spitz, stechend, 4kantiger, rhombischer Querschnitt, glänzend; Blüten ♂ einzeln, rötlich, später gelb, ♀ endständig, rot; Zapfen hängend, Nüßchen mit Flugorgan; Höhe 30—50 m. **Blütezeit:** V. **Standort:** feuchte Böden, Flachwurzler.

Gesehen am:

Ort:

Tiere

▰	**Weichtiere** Schnecken, Muscheln	Seite 185
▰	**Gliedertiere** Regenwürmer, Spinnen, Krebsartige, Insekten	Seite 192
▰	**Fische**	Seite 264
▰	**Amphibien**	Seite 270
▰	**Reptilien**	Seite 279
▰	**Vögel**	Seite 286
▰	**Säugetiere**	Seite 348
	Farbleitsystem Pflanzen	*Seite 4*

Farbleitsystem Tiere

Begriffserklärungen Tiere:

KR — Kopf-Rumpf-Länge in cm
KH — Körperhöhe in cm
SL — Schwanzlänge in cm
N — Nestlingszeit
B — Brutzeit
H — Hinterfußlänge (nur bei Fledermäusen)
U — Unterarmlänge (nur bei Fledermäusen)
TR — Tragzeit
SW — Spannweite in cm
BK — Brutkleid
SK — Schlichtkleid
♀ — weiblich
♂ — männlich
R! — geschützt
R1 — sehr stark bedroht
R2 — stark bedroht
R3 — bedroht
R4 — potentiell bedroht

Metamorphose — Verwandlung bei Amphibien von der Larve zu Frosch, Lurch, Kröte; Raupe über Puppe zu Schmetterling.

Zwitter — Tier mit männlichen und weiblichen Geschlechtsorganen.

Stürzpuppe — Puppe hängt mit dem Kopf nach unten.

Gürtelpuppe — Puppe umgibt sich mit einem Gürtel zur Stütze.

Tracheenkiemen — Atmungsorgane bei manchen wasserlebenden Insekten.

Standvogel (ST) — Vögel ziehen normalerweise nicht ab.

Teilzieher (TZ) — Ein Teil der Vögel zieht im Winter ab, ein Teil bleibt da.

Zugvogel (Z) — Die Arten ziehen in den Wintermonaten vollständig ab. Manche Arten überwintern auch in unseren Breiten und ziehen im Frühjahr weg.

Mollusken — Tierklasse, umfaßt Muscheln, Tintenfische, Schnecken.

Schnecken

Die land- und wasserbewohnenden Lungenschnecken gliedern sich in Kopf mit 2 Paar Fühlern, Augen; Fuß mit Kriechsohle; Eingeweidesack mit Mantel und spiralig gewundener Schale, die z. T. verschlossen werden kann. Mit Hilfe der Radula (hornartiger Raspel) fressen sie Pflanzenteile. Sie sind Zwitter. Ihre Eier legen sie in den Boden oder heften sie an Wasserpflanzen.

Muscheln

Die bodenbewohnende Teichmuschel (Süßwasser) besitzt 2 Schalenhälften, die von einem elastischen Schloßband zusammengehalten werden. Mit Hilfe der beiden Schließmuskeln kann die Muschel bei Gefahr die Schalenhälften schließen. In der Schale befinden sich die Organe. Der Fuß ist beilförmig. Die Muschel ist getrenntgeschlechtig. Die Geschlechtsprodukte werden ins Wasser abgegeben.

Regenwürmer

Der Regenwurm gehört zu den Wenigborstern (Oligochaeta). Die Segmentierung ist innen und außen gleich. Die Oberfläche ist mit einer eiweißhaltigen Schicht überzogen. Der Körper gliedert sich in Kopf mit Mundlappen, Clitellum — Gürtel, der bei der Fortpflanzung eine wichtige Rolle spielt, und Hinterende. Bei den zwittrigen Tieren sind die Geschlechtsorgane immer im 10.—13. Segment angelegt. Die Eier befinden sich in Kokons in der Erde.

Spinnen

Die Lungenspinnen (Fächerlungen) besitzen einen deutlich in Vorder- und Hinterkörper unterteilten Körper. Am Vorderkörper befinden sich die Kieferklauen mit Giftdrüsen, 8 Einzelaugen, 4 Paar Laufbeine; der Hinterkörper enthält die Organe. Außen sind die Lungenöffnungen und 4 Paar Spinnwarzen sichtbar. Vor diesen liegt bei einigen Spinnen das Cribellum (Spinnsieb). Die Form der Netze ist sehr variantenreich. Die Spinnen sind getrenntgeschlechtig. Das ♂ besitzt ein Begattungsorgan. Die Eier werden meist in einen Kokon gelegt. Einige Spinnen betreiben Brutpflege.

Spitzschlammschnecke

Lymnaea stagnalis   Schlammschnecken

Merkmale: bis 60 mm; hellbraune Wasserschnecke; spindelförmiges Gehäuse, Gewinde fast so lang wie Gehäusemündung, die bauchig sein kann. **Fortpflanzung:** Zwitter; Eier in Schnüren angeklebt. **Nahrung:** Algen, Pflanzen, Aas. **Lebensraum:** stehende und fließende Gewässer. **Besonderheit:** atmet an der Wasseroberfläche.

Beobachtet am:

Ort:

Posthornschnecke

Planorbis corneus   Tellerschnecken

Merkmale: bis 30 mm; braune Wasserlungenschnecke; linkswindendes Gehäuse, dickwandig, erinnert an Posthorn. **Fortpflanzung:** Zwitter; Eier kleben an der Unterseite von Wasserpflanzen. **Nahrung:** Allesfresser. **Vorkommen:** stehende und leicht fließende Gewässer. **Besonderheit:** Blut enthält Hämoglobin.

Beobachtet am:

Ort:

Weinbergschnecke

Helix pomatia Weinbergschnecken; **R!**

Merkmale: bis 50 mm; hellbraune Landschnecke, stark längsstrukturierter Körper, einziehbare Fühler mit Augen; Gehäuse in 5 Windungen, hellbraun, kann mit erhärtendem Schleimdeckel verschlossen werden, im Winter Kalkdeckel. **Fortpflanzung:** Zwitter; Liebespfeil zur Stimulation des Partners, Eier in Erdhöhle. **Nahrung:** Kräuter. **Lebensraum:** Wälder, Gärten, Parks.

Beobachtet am:

Ort:

Hainbänderschnecke

Cepaea nemoralis   Weinbergschnecken

Merkmale: bis 25 mm; hellbraune Schnecke; lange obere Fühler mit Augen, untere Fühler mit Geruchsorgan; Gehäuse gelb oder mit brauner Bänderung, Mündung innen wie außen braunschwarz. **Fortpflanzung:** Zwitter. Liebespfeil zur Stimulanz des Partners. **Nahrung:** Pflanzen. **Lebensraum:** Wälder, Gärten, Parks; überwintert im Boden, Gehäuse mit Kalkdeckel verschlossen.

Beobachtet am:

Ort:

Rote Wegschnecke

Arion rufus   Wegschnecken

Merkmale: bis 150 mm; gehäuselose Landschnecke, ziegelrot, braungrau, langgestreckt, längsstrukturiert, Mantelschild glatt, große Atemöffnung, Fühler mit Augen, einziehbar. **Fortpflanzung:** Zwitter; Eier in die Erde. **Nahrung:** Pflanzen, Aas. **Lebensraum:** feuchte Wiesen, Gärten, Parks.

Beobachtet am:

Ort:

Teichmuschel

Anodonta cygnaea   Süßwassermuscheln

Merkmale: bis 20 cm; braungrün, dünnwandig, Wirbel mit leichten Runzeln, länglich-eiförmig, Innenseite perlmuttüberzogen, Schloß ohne Zähne. **Lebensraum:** stehende und langsam fließende Gewässer. **Fortpflanzung:** ♀ strudelt Eier zur Befruchtung in den Mantelraum des ♂, Larve — Veligerlarve. **Nahrung:** Filtrate aus dem Wasser.

Beobachtet am:

Ort:

Regenwurm

Lumbricus terrestris   Regenwürmer

Merkmale: bis 30 cm; hellbraun bis dunkelbraun, langgestreckt, gleichmäßig innen wie außen segmentiert, „Gürtel" 31.—37. Segment, Bauchborsten (Papiertest). **Lebensraum:** Erdböden. **Fortpflanzung:** Zwitter, ♂ Geschlechtsöffnung 10.—11. Segment, ♀ 12.—13. Segment, „Gürtel" (Clitellum) scheidet Eikorn ab. **Nahrung:** vermodernde Blätter, Kräuter, Humusbildner.

Beobachtet am:

Ort:

Weberknecht

Phalangium opilio   Weberknechte

Merkmale: ♀ 6—9 mm, ♂ 4—7 mm; rötlichbraun mit deutlich dunklerem Sattel, Körper länglichoval ohne Einschnürung, 8 Beine bis 25mal länger als der Körper. **Fortpflanzung:** Eier in feuchte Winkel, keine Brutpflege. **Nahrung:** fleischfressend, manchmal Früchte, Pilze, Aas, kein Netz. **Lebensraum:** in bodennahen Schichten der Wälder, Gärten.

Beobachtet am:

Ort:

Höhlenspinne

Nesticus cellulanus   Höhlenspinnen

Merkmale: ♀ 4—6 mm, ♂ 3—5 mm; braun bis grünbraun, glänzend, unscheinbar geringelt, 1. Beinpaar stark verlängert (Taster), Rückenschild mit undeutlichem Muster, Hinterkörper mit herzförmigem Fleck, darunter 2 Flecken, weiße kurze Haare. **Fortpflanzung:** Eier in Kokon, an Spinnwarzen angeheftet. **Nahrung:** Insekten. **Lebensraum:** feuchte Höhlen, Mauern, Keller.

Beobachtet am:

Ort:

Wespenspinne

Argyope bruennichi   Radnetzspinnen

Merkmale: ♀ 15 mm, ♂ 4 mm; ♀ Hinterkörper groß, wespenähnlich gezeichnet, Vorderkörper klein, silbrige Haare, Beine dunkelbraun geringelt; ♂ braun, Körper länglich; Radnetz in der Mitte dicht gesponnen mit senkrechten Zickzackbändern oben und unten. **Fortpflanzung:** bis 400 Eier in Kokon. **Nahrung:** Heuschrecken. **Lebensraum:** sonniges Gelände.

Beobachtet am:

Ort:

Kreuzspinne

Araneus diadematus   Radnetzspinnen

Merkmale: ♀ 10—18 mm, ♂ 6,5 mm; verschiedenste Färbungen möglich, Hinterkörper rundlich oval mit deutlichem weißem Kreuz, 4 Beinpaare. **Fortpflanzung:** einige 100 Eier im Herbst, Jungspinnen schlüpfen im Frühjahr. **Nahrung:** Insekten mit Hilfe eines Radnetzes (∅ 30 cm). **Lebensraum:** überall. **Lebensdauer:** 2—3 Jahre.

Beobachtet am:

Ort:

Listspinne

Dolomedes fimbriatus   Raubspinnen

Merkmale: ♀ bis 22 mm, ♂ 10—13 mm; ♀ Körper braun mit deutlichem weißem oder gelblichem Rand, lange kurzbehaarte Beine. **Fortpflanzung:** ca. 1000 Eier, Brutpflege. **Nahrung:** laufend erbeutete Insekten. **Lebensraum:** feuchte Gebiete.

Beobachtet am:

Ort:

Krabbenspinne

Misumena vatia   Krabbenspinnen

Merkmale: ♂ 4 mm, ♀ 10 mm; Farbe variiert je nach Nahrung; dunkel mit geringelten Beinen; Hinterleib rundlich.
Nahrung: Bienen, Wespen. **Lebensraum:** auf weißen und gelben Blüten.

Beobachtet am:

Ort:

Zebraspringspinne
Salticus scenius   Springspinnen

Merkmale: ♀ 6 mm, ♂ 5 mm; schwarz mit weißer Zeichnung, am Hinterkörper 2 schräglaufende weiße Streifen, Vorderkörper mit 2 weißen Flecken, ♂ mit ausgeprägten Kieferklauen. **Nahrung:** Fluginsekten im Laufen erbeutet. **Lebensraum:** warme Wände, Mauern, Felsen.

Beobachtet am:

Ort:

Kellerassel
Procellio scaber   Asseln (Krebse)

Merkmale: 15—18 mm; Kopf mit nach hinten geknickter Antenne, 2. Antenne fehlt, Komplexaugen abgeflacht, Luftorgane an den Beinen des Hinterkörpers. **Fortpflanzung:** Eier im Brutraum des Bauches des ♀, hier schlüpfen Jungtiere. **Nahrung:** verrottende Pflanzenteile, Humusbildner. **Lebensraum:** geschützt in Verstecken im Keller, unter Steinen, Rinde; nachtaktiv.

Beobachtet am:

Ort:

Edelkrebs

Astacus astacus   Zehnfüßige Krebse

Merkmale: bis 120 mm; Panzer des Vorderkörpers (Carapax) spitz auslaufend (Rostrum), in der Mitte mit Längsleiste; 1. Antenne kurz gegabelt, 2. Antenne lang, gestielt, Komplexaugen, ♂ 4. Segment mit großer Schere, bei ♀ kleiner; 5./6. Segment mit kleinen Scheren, 7./8. Segment Laufbeine, 4 Paar Schwanzfüße, Schwanzfächer ohne Dornen. **Fortpflanzung:** Zoëa — Larve. **Nahrung:** Fische, Kleintiere. **Lebensraum:** Fischteiche, Flüsse.

Beobachtet am: **Ort:**

Steinläufer

Lithobius forficatus   Hundertfüßler

Merkmale: bis 33 cm; hellbraun, abgeflachter Körper, Segmente unterschiedlich gestaltet, 1 Paar Beine pro Segment, Beine mit einfacher Kralle, 1. Beinpaar umgebildet zu Kieferfüßen mit Giftklauen, lange Fühler. **Nahrung:** kleine Insekten, Regenwürmer. **Lebensraum:** Waldboden, unter Steinen, Rinde. **Besonderheit:** trägt Eier, die in Erde gewälzt sind, zu geeignetem Platz.

Beobachtet am:

Ort:

Schnurfüßler und Saftkugler
Schizophyllum sabulosum   Tausendfüßler

Merkmale: 20—47 mm; braun bis schwarz, Rücken mit gelbem Doppelband, drehrund, wurmähnlicher Körper mit gleichgestalteten Segmenten, ab dem 3. Segment 2 Beinpaare pro Segment, Einzelaugen, Fühler, kurze Spieße am letzten Segment. **Nahrung:** vermodertes Holz und Laub. **Lebensraum:** Bodenstreu der oberen Bodenschicht. **Besonderheit:** Giftdrüsen; rollt sich bei Gefahr zusammen.

Beobachtet am:

Ort:

Insekten

Der Körper unterscheidet 3 Abschnitte: Kopf, Brust, Hinterleib. Am Kopf erkennt man die Mundwerkzeuge (kauend, beißend, leckend, stechend), Antennen, 2 große Komplexaugen, manchmal dazwischen kleine Einzelaugen. Der Brustteil besteht aus 3 Segmenten, an denen je 1 Paar Beine ansitzt. Das 2. und 3. Segment tragen die Flügel. Bei einigen Arten sind die 1. Flügel hart, bei anderen sind die 2. Flügel reduziert, oder die Flügel fehlen. Die Beine sind gegliedert und mit Krallen versehen. Es gibt die unterschiedlichsten Spezialisierungen, wie Sprungbeine, Grabbeine, Fangbeine. Am Hinterleib befinden sich Anhänge (Cerci) und Begattungsapparate. Die Insekten sind getrenntgeschlechtig. Ihre Larven können viele bis keine Beine haben; einige leben im Wasser, während das Insekt an Land lebt. Sie wachsen durch Häutung. Nach dem Verpuppungsstadium entsteht das ausgewachsene Insekt.

Der Körperbau eines Käfers

Mundwerkzeuge verschiedener Insekten

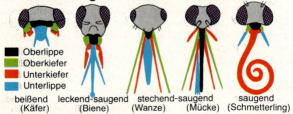

Biene

Apis mellifica Hautflügler

Merkmale: 15—21 mm; 2 große Facettenaugen, Fühler; 2 bräunliche Flügel; Wespentaille; Wachsdrüsen; ♀ Legeapparat zu Giftstachel; 6 Beine, 1 Paar mit Putzkamm; behaart. **Fortpflanzung:** ab IV ca. 2000 Eier pro Tag von Königin, bis VIII abnehmend; aus unbefruchteten Eiern Drohnen (♂). **Nahrung:** Pollen, Nektar. **Lebensweise:** staatenbildend. **Nutzung:** Honig, Wachs. **Alter:** Königin 4 Jahre, ♂ 3 Monate, Arbeiterin Sommer 3—6 Wochen, Winterbiene VIII—IV.

Beobachtet am: Ort: *Garten*

Hufeisen-Azurjungfer

Coenagrion puella Azurjungfern

Merkmale: 35 mm, SW 50 mm; ♂ blau, 2. Hinterleibsegment mit schwarzer Hufeisenzeichnung, sonst schwarze Bänderung der Segmente, ♀ grünlich, Flügel in Ruhe auf dem Rücken zusammengeklappt. **Fortpflanzung:** Larven im Wasser, Entwicklungszeit 3 Monate bei günstigen Bedingungen. **Flugzeit:** V–VIII. **Lebensraum:** stehende Gewässer.

Beobachtet am: HALTERN

Ort:

Blaugrüne Mosaikjungfer

Aeschna cyanea   Edellibellen

Merkmale: 70—80 mm, SW 100—110 mm; leuchtend grün und blau gefärbt, farblose Flügel mit charakteristischer Aderung, in Ruhe alle Flügel ausgebreitet. **Fortpflanzung:** räuberische Larve im Wasser (2 Jahre), 3 Beinpaare, bewegt sich mit Rückstoßeffekt. **Flugzeit:** VI—X. **Nahrung:** mit Hilfe der Fangmaske erbeutete Insekten. **Lebensraum:** an allen Gewässern bis 1400 m.

Frosch Kiel

Beobachtet am:

Ort:

Ohrenkneifer

Forficula auricularia   Ohrwürmer

Merkmale: 11–15 mm; braun, abgeflachter, langgestreckter Körper, kurze Flügeldecken, darunter Flügel, Greifzangen am Hinterende. **Fortpflanzung:** Eier in Erdhöhle, Brutpflege. **Anzutreffen:** IV–XI. **Nahrung:** Blattläuse, Kleininsekten, **sehr nützlich! Lebensraum:** überall.

Beobachtet am:

Ort:

Gottesanbeterin

Mantis religiosa Fangschrecken; **R**2

Merkmale: ♂ 40—48 mm, ♀ 48—60 mm; grün oder braun, Körper langgestreckt, schmal mit zusammengefalteten Flügeln, 1. Beinpaar mit Fangbeinen, übrige Beine dünn. **Fortpflanzung:** ca. 100 Eier, Larven räuberisch. **Nahrung:** Insekten. **Lebensraum:** warme Gebiete, Südeuropa, Kaiserstuhl, Neusiedler See.

Beobachtet am:

Ort:

Maulwurfsgrille

Gryllotalpa gryllotalpa Grillen

Merkmale: 35—50 mm; braun, dreieckiger Kopf mit kurzen Fühlern, großer Halsschild, 1. Beinpaar zu großen Grabschaufeln, kleine Vorderflügel, spitz ausgezogene Hinterflügel, deutliche Körperanhänge. **Fortpflanzung:** Balzgesang im Sommer. Brutpflege. **Anzutreffen:** VI—VIII. **Nahrung:** Pflanzen, Insekten. **Lebensraum:** lockere Böden.

Beobachtet am:

Ort:

Gemeiner Grashüpfer

Chorthippus biguttulus   Feldheuschrecken

Merkmale: 15—20 mm; grün bis braun, kurze Fühler, Flügel körperlang, kräftige Sprungbeine mit Sägekamm, der, am Flügel gerieben, einen zirpenden Ton ergibt; viele ähnliche Arten. **Fortpflanzung:** Eier mit Legestachel in den Boden. **Anzutreffen:** VI—IX. **Nahrung:** Pflanzen. **Lebensraum:** warme, sonnige, extensiv genutzte Wiesen, Kahlschläge.

Beobachtet am:

Ort:

Wasserläufer

Gerris lacustris   Wanzen

Merkmale: 8—10 mm; schwarz mit gelben Streifen am Hinterkörper, hellere Beine, Fühler schwarz, 1. Beinpaar zu Fangbeinen, die übrigen mit feinen Härchen zum Wasserlaufen. **Fortpflanzung:** IV—VIII. **Anzutreffen:** IV—VI, VII—IX. **Nahrung:** Insekten, kleine Wassertiere. **Lebensraum:** stehende Gewässer.

Beobachtet am:

Ort:

Wasserflorfliege

Sialis flavilatera Schlammfliege

Merkmale: 2,5 cm; schwärzlich, breiter Kopf mit kleinen Komplexaugen, fadenförmige Fühler, Flügel dachartig gestellt, feinnetzig, Adern nicht gegabelt, keine Körperanhänge. **Larve:** im Boden der Gewässer, Tracheenkiemen, 2 Jahre im Wasser. **Puppe:** Entwicklung an Land. **Flugzeit:** IV–VI. **Lebensraum:** an Wasserpflanzen.

Beobachtet am:

Ort:

Lederlaufkäfer

Carabus coriaceus Laufkäfer; **R!**

Merkmale: 25—40 mm; schwarz, Flügeldecken mit Runzeln, starke Kiefer, flugunfähig, nachtaktiv. **Fortpflanzung:** Larve räuberisch, Kleintiere. **Anzutreffen:** IV—IX. **Nahrung:** Schnecken, Regenwürmer, Käfer, Insekten. **Lebensraum:** Gärten, Parks, Wälder.

Beobachtet am:

Ort:

Goldlaufkäfer

Carabus auratus   Laufkäfer; **R!**

Merkmale: 2—3 cm; goldschillernd, Flügeldecken mit 3 grünen Längsrippen, Beine hellbraun, Fühler beinlang, starke Kiefer. **Fortpflanzung:** Larven und Puppen im Boden. **Flugzeit:** IV—X. **Nahrung:** Schnecken, Käfer. **Lebensraum:** Gärten, Parks, Wälder.

Beobachtet am:

Ort:

Totengräber
Necrophorus vespilloides   Aaskäfer

Merkmale: 10—18 mm; Flügeldecken mit ziegelroten Bändern, kürzer als der Körper, glänzend; kurze Fühler. **Fortpflanzung:** Eier auf vorverdauten, eingegrabenen Kadavern. **Nahrung:** Pilze, Aas. **Lebensraum:** Wälder, Parks.

Beobachtet am:

Ort:

Hirschkäfer ♂
Lucanus cervus

Hirschkäfer; **R!**
Fast ausgestorben

Merkmale: ♂ 40—75 mm; ♀ 25—40 mm ♀ schwarz, kleine Kiefer, ♂ Flügeldecken rotbraun, Kopfkapsel und Halsschild schwarz, kleine rote Augen, 2. Fühler abgewinkelt, große geweihartige Kiefer, 1. Antenne klein, unverwechselbar. **Fortpflanzung:** Larve in alten Wurzelstöcken von Eichen, Entwicklung 5 Jahre, Puppe in Erdhöhlen. **Anzutreffen:** V—VII. **Nahrung:** Saft der Eichen. **Lebensraum:** streng gebunden an alte Eichenbestände ohne intensive Bewirtschaftung.
Beobachtet am: **Ort:**

Rosenkäfer

Cetonia aurata   Blatthornkäfer

Merkmale: 14—20 mm; metallisch grün schillernd, schwarze Fühler und Beine, Flügeldecken seitlich eingedrückt mit Längsstreifen und weißen Punkten. **Fortpflanzung:** Larve im Boden, in Baumstümpfen oder Ameisennestern. **Anzutreffen:** IV—IX. **Nahrung:** Pollen, Nektar, Früchte. **Lebensraum:** Gärten, Parks.

Beobachtet am:

Ort:

Feldmaikäfer

Melolontha melolontha   Blatthornkäfer

Merkmale: 20–30 mm; braune Flügeldecken mit Längsrippen, Beine und gekniete Fühler; mit Lamellenfächern, Halsschild, Kopf, Rumpfende (spitz) schwarz. **Fortpflanzung:** Larve (Engerling) im Boden auf Pflanzenwurzeln. Entwicklung ca. 3–4 Jahre. **Anzutreffen:** V–VI. **Nahrung:** Blätter von Laubbäumen. **Lebensraum:** Mischwälder, Parks, Wiesen.

Beobachtet am:

Ort:

Marienkäfer (Siebenpunkt)
Coccinella septempunctata   Marienkäfer

Merkmale: 5,5—8 mm; schwarze Beine, Kopf und Halsschild (mit 2 gelben Flecken); Flügeldecken ziegelrot mit 7 Punkten, kurze, kolbige Fühler, rundliche Form. **Fortpflanzung:** Larve schwarz mit gelben Flecken, 2 Beinpaare; auf Pflanzen mit Blattläusen. **Flugzeit:** IV—XI. **Nahrung:** Blatt- und Schildläuse, **äußerst nützlich! Lebensraum:** überall.

Beobachtet am:

Ort:

Wespenbockkäfer

Plagionotus arcuatus   Bockkäfer

Merkmale: 6—20 mm; wespenähnliche Zeichnung, gelbe Beine und kurze Fühler, behaart. **Fortpflanzung:** Ei in den Bast von Eiche. **Flugzeit:** V—IX. **Nahrung:** Blütenstaub, Nektar. **Lebensraum:** Laub- und Mischwälder.

Beobachtet am:

Ort:

Alpenbockkäfer
Rosalia alpina Bockkäfer; **R!**

Merkmale: 24—39 mm; hellgrau bis hellblau behaart mit schwarzen Flecken, Halsschild oben und seitlich 1 Höcker, Basalglieder und Enden der Fühlerglieder schwarz. **Fortpflanzung:** Eier in Rinden alter Buchen. **Flugzeit:** VI—IX. **Nahrung:** Buchensaft. **Lebensraum:** an alten Buchenbeständen bis 1500 m.

Beobachtet am:

Ort:

Eichenbock

Cerambyx cerdo   Bockkäfer

Merkmale: 24—53 mm; Körper langgestreckt, braun, Halsschild mit starken Querfalten, Beine schwarz, behaarte Fußglieder, Fühler schwarz, bei ♂ doppelt so lang wie Körper, Flügeldecken mit 3 Längsrippen. **Larve:** weißlich, Beine rückgebildet, starke Kiefer, im Holz kranker Eichen. **Flugzeit:** V—VIII. **Nahrung:** Saft der Eichen. **Lebensraum:** Eichenwälder, Parks mit alten Eichenbeständen.

Beobachtet am:

Ort:

Kartoffelkäfer

Leptinotarsa decemlineata Blattkäfer

Merkmale: 6—10 mm; gelb mit 10 schwarzen Längsstreifen und Punkten auf dem Halsschild, Fühlerenden schwarz. **Fortpflanzung:** weinrote Larven auf Nachtschattengewächsen, überwintern. **Anzutreffen:** VI—VIII. **Nahrung:** Nachtschattengewächse. **Lebensraum:** Kartoffelfelder.

Beobachtet am:

Ort:

Buchdrucker

Ips typographus Borkenkäfer

Merkmale: 4,2–5,5 mm; walzenförmig, braunschwarz, breiter Halsschild, braune Flügeldecken mit 4 nach vorne gerichteten Zähnen, ganzer Käfer behaart, Fühler mit Keulen. **Larve:** im Gang unter Rinde, bohrt Seitengänge, typisches Fraßbild. **Nahrung:** junges Holz der Fichten. **Lebensraum:** Nadelwälder mit hohem Fichtenanteil.

Beobachtet am: HALTERN

Ort:

Riesenholzwespe

Urocerus gigas   Holzwespen

Merkmale: 10—40 mm; Körper gelb-schwarz gezeichnet, gelbe Fühler und Beine, ♀ mit langem Legrohr, 4 feinschuppige Flügel, gelber Fleck hinter dem Komplexauge.
Fortpflanzung: Eier im Holz kranker und beschädigter Fichten. Entwicklung dauert mehrere Jahre. **Anzutreffen:** VI—IX. **Lebensraum:** Wipfel der Bäume, Nadelwälder.

Beobachtet am:

Ort:

Holzschlupfwespe

Rhyssa persuasoria   Schlupfwespen

Merkmale: 18—35 mm; braun-schwarz mit gelbweißer Musterung, breiter Kopf, 3teiliges, körperlanges Legrohr, Flügel auf dem Rücken zusammengelegt. **Fortpflanzung:** ♀ legt 1 Ei auf die Raupe im Holz gefällter Bäume, ernährt sich im Inneren des Wirtes und tötet ihn. **Flugzeit:** IV—IX. **Lebensraum:** Mischwälder, Gärten.

Beobachtet am:

Ort:

Waldameise

Formica rufa   Ameisen

Merkmale: ♀ 9—12 mm, Arbeiterinnen 4—8 mm, ♂ 9 bis 11 mm; rotbraun, Vorder- und Hinterkörper durch knotigen Stiel verbunden; ♂ geflügelt; Königin schlanker Vorderkörper, nach dem Schlüpfen geflügelt. **Fortpflanzung:** Eier im Bau in eigene Kammer, Brutpflege durch Arbeiterinnen. **Anzutreffen:** V—VI. **Nahrung:** Insekten, kleine Tiere, Honigtau der Blattläuse. **Lebensraum:** staatenbildend, Wälder.

Beobachtet am: **Ort:** *i. Sauerland*

Feldhummel

Bombus agrorum Hummeln

Merkmale: 14—18 mm; Vorderkörper rotbraun behaart, ♀ rotbraunes Hinterende oder graugelbe Bänderung, zahlreiche Farbvariationen, Stachel. **Fortpflanzung:** Nest aus Moos und Wachs. **Flugzeit:** IV—IX. **Nahrung:** Nektar, Pollen. **Lebensraum:** Wiesen, Felder.

Beobachtet am:

Ort:

Erdhummel

Bombus terrestris　　　　　　　　　　Hummeln

Merkmale: 2,5–2,8 cm; dicht behaart, Brustschild mit braunem Band, Hinterkörper mit braunem Band und weißem Hinterende, kurzer Rüssel. **Fortpflanzung:** überwintertes ♀ baut großes Nest in Erdhöhle, oft 300 Arbeiterinnen, ♂ im Spätsommer. **Flugzeit:** ab IV. **Nahrung:** Pollen, Nektar. **Lebensraum:** Waldränder, Wiesen, Lichtungen.

Beobachtet am:

Ort:

Feldwespe

Polistes gallicus   Faltenwespen

Merkmale: 15—25 mm; schlank, typische Wespenzeichnung schwarz-gelb, gelbe Beine und Fühler, Flügel auf dem Rücken gefaltet. **Fortpflanzung:** gestieltes Nest von mehreren ♀. **Flugzeit:** IV—X. **Nahrung:** Spinnen, Insekten. **Lebensraum:** Wiesen, Büsche, Waldränder.

Beobachtet am:

Ort:

Hornisse

Vespa crabro Faltenwespen

Merkmale: 19—35 mm; Kopf gelbbraun, sonst braun, Hinterkopf mit schwarz-gelber Zeichnung, Beine und Fühlerbasis gelb, Flügel in Ruhe gefaltet. **Fortpflanzung:** staatenbildend, Königin, Arbeiterinnen, Geschlechttiere; nur junge Königin überlebt im Herbst. **Flugzeit:** III—X. **Nahrung:** Bienen, Wespen. **Lebensraum:** Mischwälder, Parks, Gärten.

Beobachtet am:

Ort:

Deutsche Wespe

Paravespula germanica Wespen

Merkmale: 10—20 mm; typische Wespenzeichnung, lange schwarze Fühler, gelbe Beine, haarig, Stacheln ohne Widerhaken. **Fortpflanzung:** große Erdbauten mit Hülle. **Flugzeit:** IV—XI. **Nahrung:** Insekten, im Flug erbeutet. **Lebensraum:** Wälder, Lichtungen, Gärten.

Beobachtet am:

Ort:

Widderchen

Zygaena filipendulae Widderchen; **R**3

Merkmale: SW 30—38 mm; Vorderflügel schwarz mit roten Flecken, Unterflügel rot mit feiner, schwarzer Kante, Körper schwarz. **Raupe:** gelb mit schwarzem Muster, auf Hornklee, Kronwicke, überwintert. **Puppe:** papierartiger Kokon an Stengel. **Fortpflanzung:** VI. **Flugzeit:** VII—VIII. **Lebensraum:** sonnige Wiesen, Hänge; bis 2000 m.

Beobachtet am:

Ort:

Mondvogel

Phalera bucephala   Zahnspinner

Merkmale: SW 42–55 mm; Vorderflügel grau mit gelbem Mondfleck, Hinterflügel gelblichgrau, Kopf und Brust grau mit Braun. **Raupe:** gelb-schwarz gemustert, seidig behaart; auf Linde, Hasel, Birke, Erle, Eiche. **Puppe:** überwintert im Boden. **Fortpflanzung:** V–VI. **Flugzeit:** nachts, V–VIII. **Lebensraum:** feuchte Standorte; bis 1600 m.

Beobachtet am:

Ort:

Großer Gabelschwanz

Cerura vinula Zahnspinner

Merkmale: SW 45–70 mm; Vorderflügel weiß mit schwarzen und hellbraunen, zarten Zickzacklinien, Hinterflügel weiß. **Raupe:** auf Pappel, Weide, grün mit schwarzviolettem Streifen auf dem Rücken, auffallender Gabelschwanz, roter Kopfring, Scheinaugen, stößt bei Gefahr Ameisensäure aus. **Puppe:** am Stamm oder in Astgabel. **Lebensraum:** feuchte Gebiete; bis 2500 m.

Beobachtet am:

Ort:

Nonne

Lymantria monacha   Trägspinner

Merkmale: SW ♂ 25 mm, ♀ 55 mm; Vorderflügel weiß mit schwarzen Zickzackbändern, Hinterflügel dunkel, Körper rot und schwarz. ♂ mit großen Antennen. **Raupe:** auf Nadelhölzern, selten Laubhölzern; großer Schädling. **Puppe:** in lockerem Gespinst am Wirtsbaum. **Fortpflanzung:** Ei überwintert. **Flugzeit:** VII—VIII. **Lebensraum:** überall, wärmeliebend.

Beobachtet am:

Ort:

Brauner Mönch
Cucullia verbasci Eulenfalter

Merkmale: SW 45—50 mm; Flügel rehbraun. **Raupe:** weiß mit gelben und schwarzen Flecken, auf Königskerze, Braunwurz. **Fortpflanzung:** IV—V. **Flugzeit:** IV—V. **Lebensraum:** offenes Gelände.

Beobachtet am:

Ort:

Brauner Bär

Arctia caja   Bärenspinner; **R! R**3

Merkmale: SW 45–63 mm; Vorderflügel rotbraun mit cremefarbener Bänderung, Hinterflügel leuchtend orange mit schwarzem Augenfleck, Hinterkörper orange. **Raupe:** lang, schwarz behaart, seitlich rotbraun; auf vielen Pflanzen, überwintert. **Puppe:** in gelblichem Kokon am Boden, nahe der Nahrungspflanze. **Fortpflanzung:** VIII–IX. **Flugzeit:** VI–VIII; fliegt gegen Mitternacht. **Lebensraum:** Gärten, Parks, Wälder; bis 2000 m.

Beobachtet am: **Ort:**

Totenkopf

Acherontia atropos Schwärmer, **R!**

Merkmale: SW 100—140 mm; Vorderflügel braun gemustert, Hinterflügel gelb mit schwarzen Querbinden, Hinterkörper schwarz-gelb geringelt. **Raupe:** gelbgrün mit auffallender Zeichnung, Horn am Hinterende; auf Doldengewächsen. **Puppe:** 15—20 cm unter der Erde. **Lebensraum:** wandert von Süden ein, honigliebend, oft in Bienenstökken.

Beobachtet am:

Ort:

Wiener Nachtpfauenauge

Saturnia pyri Augenspinner

Merkmale: SW 100–130 mm; braun gemustert mit großen, mehrfach umringten Augenflecken auf jedem Flügel. **Raupe:** jung schwarz mit roten Warzen, später grün mit blauen, haarigen Warzen, gelbe Seitenlinie, auf Obstbäumen. **Puppe:** birnenförmiger Kokon aus echter Seide auf Obstbäumen. **Flugzeit:** IV–VI. **Nahrung:** Mundwerkzeuge der Falter reduziert. **Lebensraum:** warme Obstgärten, Gärten.

Beobachtet am:

Ort:

Nachtpfauenauge ♂

Saturnia pavonia Augenspinner; **R!**

Merkmale: SW 40—70 mm; ♀ graue Grundfarbe mit mehrfach geringeltem Augenfleck, welligen Querlinien, dicker Hinterkörper, Fühler kurz gefiedert; ♂ Hinterflügel braunorange, Antennen lang, doppelt gefiedert. **Raupe:** grün mit borstentragenden Knopfwarzen; auf niederen Pflanzen und Büschen. **Puppe:** in Kokon aus echter, brauner Seide, mit Reuse; überwintert. **Fortpflanzung:** V—VIII. **Flugzeit:** III—VI. **Lebensraum:** Moore, Wälder, offenes Gelände; bis 2000 m.

Beobachtet am: Ort:

Alpenapollo

Parnassius phoebus Ritter; **R! R**2

Merkmale: SW 50—60 mm; Vorderflügel weiß mit schwarzen Flecken und kleinen roten Augenflecken, Hinterflügel 2 rote Augenflecken. **Raupe:** schwarz, kurzhaarig, seitlich orange Flecken, in der Mitte blaue Warzen. **Puppe:** in lockerem Gespinst am Boden. **Fortpflanzung:** IV—VII. **Flugzeit:** VII—IX. **Lebensraum:** in der Nähe von Flüssen, Bächen, 1500—2600 m.

Beobachtet am:

Ort:

Segelfalter

Iphiclides podalirius Ritter; **R! R**3

Merkmale: SW 50—70 mm; hellgelb mit schwarzer Bänderung, am Rand der Hinterflügel blaue Mondflecken und zur Körpermitte hin 2 rote Augenflecken, Schwanzspieße.
Raupe: grünblau mit gelben Streifen und braunen Punkten, Nackengabel vorstülpbar; auf Schlehen, Aprikosen.
Puppe: Gürtelpuppe, überwintert. **Flugzeit:** IV—VI, VII—VIII. **Lebensraum:** Gebüsche mit Schlehen.

Beobachtet am:

Ort:

Schwalbenschwanz

Papilio machaon — Ritterfalter; **R! R**3

Merkmale: SW 60—80 mm; Vorderflügel schwarz und gelb gefeldert, Hinterflügel mit Schwanzspitzen, blauem Rand, rotem Augenfleck. **Raupe:** grün mit schwarzer Querbänderung und orangen Flecken, kahl, hinter dem Kopf hornartige Drüsen; auf Doldengewächsen. **Puppe:** Gürtelpuppe, überwintert. **Fortpflanzung:** V—VI, VIII. **Flugzeit:** IV—VI, VII—VIII. **Lebensraum:** offenes Gelände, Klee-, Luzernefelder; bis 2000 m.

Beobachtet am: **Ort:**

Großer Kohlweißling ♀

Pieris brassicae Weißlinge

Merkmale: SW 55—65 mm; weiß, ♀ Vorderflügel mit schwarzen Tupfen und Flügelspitzen, ♂ ohne schwarze Tupfen. **Raupe:** gelbgrün mit dunkler Zeichnung, auf Kohl, Ackersenf, Hederich, Kapuzinerkresse. **Puppe:** Gürtelpuppe in Versteck. **Flugzeit:** IV—V, VII—VIII, IX—X. **Lebensraum:** Wegränder, Kohlfelder, Gärten, Wiesen; bis 2000 m.

Beobachtet am:

Ort:

Zitronenfalter

Gonepteryx rhamni — Weißlinge; **R! R3**

Merkmale: SW 50—60 mm; ♀ zart gelb bis weißlich; ♂ zitronengelb; beide mit orangem Augenfleck. **Raupe:** grün; auf Faulbaum, selten Kreuzdorn. **Puppe:** grüne Gürtelpuppe. **Fortpflanzung:** IV. **Flugzeit:** VII—X, III—VI. **Lebensraum:** offenes Gelände, Weg- und Waldränder, Gärten; bis 2000 m.

Beobachtet am:

Ort: *i. Garten*

Aurorafalter ♂

Anthocharis cardamines Weißlinge; **R! R**3

Merkmale: SW 35—45 mm; ♀ weiß mit schwarzen Flügelspitzen; ♂ weiß mit oranger Färbung eines Teils des Vorderflügels, schwarzer Augenfleck; Unterseite des Hinterflügels grünlich marmoriert. **Raupe:** blaugrün, weiße Seitenstreifen; überwintert, auf Kreuzblütlern. **Puppe:** grünlich, ähnlich Pflanzenteil. **Fortpflanzung:** VI—VII. **Flugzeit:** IV—VI. **Lebensraum:** feuchte Ränder von Wiesen. Wäldern; bis 2000 m.

Beobachtet am: Ort:

Schachbrettfalter

Melanargia galathea   Augenfalter; **R!**

Merkmale: SW 40—50 mm; schachbrettartige, schwarzweiße Zeichnung auf allen Flügeln, Unterseite mit schwachen Augenflecken. **Raupe:** grün mit Längsstreifen und 2 Spießen auf dem Hinterende; auf Liesch-, Honiggras, Trespe. **Puppe:** weiß, am Boden bei der Nahrungspflanze. **Fortpflanzung:** IX. **Flugzeit:** VI—VIII. **Lebensraum:** Wiese, Raine; bis 1700 m.

Beobachtet am:

Ort:

Kleiner Fuchs

Aglais urticae Edelfalter; **R!**

Merkmale: SW 35—50 mm; Flügel rotbraun mit weißen und schwarzen Flecken, am Rand blaue Felder. **Raupe:** mit schwarzen Dornen; spinnt an Brennesseln. **Puppe:** Stürzpuppe in Verstecken. **Fortpflanzung:** V—VIII. **Flugzeit:** VI—VII, VIII—IX, III—V. **Lebensraum:** überall; bis 3000 m.

Beobachtet am: i. Garten

Ort:

250

Tagpfauenauge
Inachis io   Edelfalter; **R!**

Merkmale: SW 50—60 mm; leuchtend rotbraun mit 4 auffallenden Augenflecken, Unterseite schwärzlich. **Raupe:** schwarz mit verzweigten Dornen; auf Brennesseln. **Puppe:** Stürzpuppe. **Fortpflanzung:** V. **Flugzeit:** VI—IX, IV—V. **Lebensraum:** Gärten, Parks, offenes Gelände; bis 2500 m.

Beobachtet am:

Ort: *i. Garten*

Distelfalter

Vanessa cardui   Edelfalter

Merkmale: SW 45—60 mm; Flügel mit dunkelbraunen, rotbraunen und weißen Flecken, weißer Rand. **Raupe:** grau bis schwarz mit gelben Längsstreifen; gelbe, gefiederte Dornen; auf Disteln, selten Brennesseln, Kletten. **Puppe:** metallisch glänzende Stürzpuppe. **Fortpflanzung:** VI—IX. **Flugzeit:** V, VII—VIII, IX—X. **Lebensraum:** Zugfalter aus Südeuropa, Afrika; Wiesen, Parks, Klee, Luzerne; bis 2000 m.

Beobachtet am: **Ort:**

Trauermantel

Nymphalis antiopa   Edelfalter; **R! R**3

Merkmale: SW 65—75 mm; dunkelbraun, am Rand breit, gelb eingefaßt, darüber eine Reihe leuchtendblauer Flecken. **Raupe:** schwarz mit roten Flecken, schwarze Dornen, 4 Paar rote Stummelbeine. **Puppe:** Stürzpuppe. **Fortpflanzung:** V—VI. **Flugzeit:** VII—IX, IV—VI. **Lebensraum:** Wälder; bis 2000 m.

Beobachtet am: *i. Garten*

Ort:

C-Falter

Polygonia c-album   Edelfalter; **R!**

Merkmale: SW 42—50 mm; rotbraune Flügel mit schwarzen Flecken, stark gezipfelte Flügel, auf der Unterseite der Hinterflügel deutlich weißes C. **Raupe:** helle Dornen, erinnert an Vogelkot; auf Brennesseln, Ulmen, Stachel-, Johannisbeeren. **Puppe:** Stürzpuppe. **Fortpflanzung:** V—VI. **Flugzeit:** VI—VII, VIII—IX, III—VI. **Lebensraum:** Wälder, Gärten, Wege; bis 2000 m.

Beobachtet am:

Ort:

Admiral

Vanessa atalanta   Edelfalter; **R!**

Merkmale: SW 50—60 mm; schwarz, Vorderflügel mit rotem Rand und weißen Flecken, Hinterflügel mit rotem Rand, beide Flügel weiß gekantet; Unterseite bräunlich (Tarnung). **Raupe:** stachelig, graugelb, auf Brennesseln. **Puppe:** Stürzpuppe. **Fortpflanzung:** VI—VII, VIII—IX. **Flugzeit:** V—VII, VIII—X. **Lebensraum:** Zugfalter aus dem Süden; im Herbst an Fallobst, besonders Pflaumen, Birnen, Schmetterlingsstrauch; bis 2000 m.

Beobachtet am: **Ort:** i. Garten

Kaisermantel

Argynnis paphia   Perlmutterfalter; **R!**

Merkmale: SW 60—80 mm; ♂ heller als ♀; leuchtend rotbraun mit schwarzen Strichen und Flecken auf der Oberseite; ♂ 4 schwarze Duftleisten; Unterseite mit silbrigen Strichen. **Raupe:** schwarz mit gelben Dornen, die vordersten Stacheln zu „Hörnern". **Puppe:** Stürzpuppe. **Fortpflanzung:** IX; überwintert als Ei. **Flugzeit:** VI—IX. **Lebensraum:** offene Wiesen, Lichtungen; bis 1000 m.

Beobachtet am:

Ort:

Silbergrüner Bläuling ♂

Lysandra coridon Bläuling; **R! R**3

Merkmale: SW 30—35 mm; ♂ silbrigblau, dunkler Außenrand, weiße Fransen, Hinterflügel mit schwarzen Augenflecken; ♀ braun mit weißen Fransen, schwach orangefarbene Augenflecken.**Raupe:** grün mit gelben Längsstreifen, auf Hufeisenklee; sondert Sekret ab, das Ameisen mögen, überwintert. **Fortpflanzung:** III—IV. **Flugzeit:** VI—VIII.
Lebensraum: Steppenheiden; bis 2000 m.

Beobachtet am: i. GARTEN

Ort:

Skorpionfliege ♂

Panorpa communis Schnabelfliegen

Merkmale: 20 mm; SW 25–30 mm; dunkel mit gelbem Muster, Kopf mit rüsselartiger Verlängerung, lange Fühler, ♂ brauner, aufgestellter Begattungsapparat. **Fortpflanzung:** Larven räuberisch im Boden. **Flugzeit:** IV–XI. **Nahrung:** tote Insekten, Kleintiere, verrottetes Holz. **Lebensraum:** feuchte Gebiete, Gärten, Parks.

Beobachtet am:

Ort:

Kohlschnake

Tipula oleracea Schnaken

Merkmale: 15–23 mm; graubraun, schlank, leicht brechende Beine, kurze, borstige Fühler, 1 Paar große Flügel, 2. Flügelpaar zu Schwingkölbchen reduziert. **Fortpflanzung:** Eier im Boden an Wurzeln. **Anzutreffen:** V–VIII. **Nahrung:** Pflanzenteile, Humusbildner. **Lebensraum:** Wälder, Gärten, Parks.

Beobachtet am:

Ort:

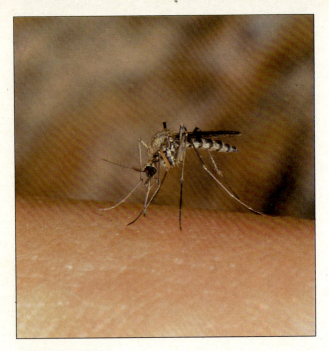

Stechmücke

Culex pipiens   Mücken

Merkmale: 3,5—5 mm; braun, schlank, Körper stets waagrecht zur Unterlage, borstige Fühler, hinteres Beinpaar in der Luft, ♀ stechend-saugende Mundwerkzeuge. **Fortpflanzung:** 3—4 Generationen, Larven und Puppen im Wasser, atmen an der Wasseroberfläche. **Flugzeit:** ganzjährig. **Nahrung:** ♂ Pflanzensäfte, ♀ Blut von Säugern. **Lebensraum:** überall an feuchten Plätzen.

Beobachtet am:

Ort:

Rinderbremse

Tabanus bovinus Bremsen

Merkmale: 19—24 mm; gedrungener, brauner Körper, Brustschild graubraun, große Komplexaugen bilden Halbkreis, kurze Fühler, 2 bräunliche Flügel. **Larve:** in feuchten Böden, frißt Pflanzenteile, kleine Tiere. **Flugzeit:** V—VIII. **Nahrung:** ♂ Pflanzensäfte ♀ Blut von Weidetieren. **Lebensraum:** Weidegelände, Gärten, Parks; bis 2000 m.

Beobachtet am:

Ort:

Schwebefliege

Episyrphus balteatus Schwebefliegen

Merkmale: 10 mm; brauner Halsschild, große Komplexaugen, Hinterkörper schwarz-gelb gebändert, andere wehrhafte Insekten nachahmend. Larven an Pflanzen mit Blattlausbefall, **äußerst nützlich. Flugzeit:** IV—XI. **Lebensraum:** offene Plätze.

Beobachtet am:

Ort:

Schmeißfliege

Calliphora vicina   Fliegen

Merkmale: 7–12 mm; blau schillernd, schwarz behaart, rote Augen, kurze Fühler, leckend-saugende Mundwerkzeuge. **Fortpflanzung:** fußlose Raupen auf Fleisch, Aas, Fäkalien; Tönnchenpuppe. **Nahrung:** Fleisch, Fisch, Blüten. **Lebensraum:** überall.

Beobachtet am:

Ort:

Fische

Der Körper der Fische gliedert sich in Kopf, Rumpf, Schwanz. Außerdem besitzen sie, wie alle Wirbeltiere, ein knöchernes Innenskelett. Sie atmen über Kiemen (5—7 Kiemenöffnungen), zu deren Schutz der Kiemendeckel dient. Der Körper ist mit Schuppen bedeckt, die in Jahresringen wachsen. Der Kopf trägt 2 bewegliche Augen. Das Maul ist meist bezahnt. Oft befinden sich Anhänge am Maul. Zur Fortbewegung dienen Flossen (paarig, unpaarig). Das Seitenliniensystem ist ein Gleichgewichtsorgan. Die Fische sind getrenntgeschlechtig. Es kommt Brutpflege vor.

Amphibien

Die wechselwarmen, wasserabhängigen Amphibien besitzen eine nackte, drüsenreiche Körperoberfläche. Ihre Finger und Zehen sind ohne Krallen. Man unterscheidet Schwanzlurche und Froschlurche. Erstere sind langgestreckt und in Kopf — Rumpf — Schwanz gegliedert. 4 kurze Beine ermöglichen schlängelndes Kriechen. Ausgewachsene Froschlurche besitzen keinen Schwanz; die Hinterbeine sind zu Sprungbeinen umgestaltet. Die Amphibien sind getrenntgeschlechtig. Es kommt Brutpflege vor. Die im Wasser lebenden Larven beider Gruppen atmen anfangs über Kiemen. Nach der Metamorphose entstehen lungenatmende, landlebende Amphibien.

Reptilien

Die wechselwarmen Reptilien unterscheiden sich von den Amphibien durch die von Schuppen oder Schildern bedeckte Körperoberfläche. Die Schildkröten bilden einen Knochenpanzer, der sie umgibt. Sie haben keine Zähne, sondern eine Hornscheide. Die Eidechsen haben 4 Beine mit 5 Zehen, Zähne und Augen mit beweglichen Augenlidern. Die Schlangen sind beinlos, das Auge ist starr. Die gespaltene Zunge dient, wie bei den Eidechsen, dem Geruchssinn. Die Reptilien sind getrenntgeschlechtig. Sie legen Eier. Manche sind lebendgebärend. Es kommt Brutpflege vor.

Hecht

Esox lucius Hechte

Merkmale: bis 1,20 m; Rücken moosgrün, Seiten gelbgrün, Bauch gelb bis weiß, Schnauze entenschnabelig abgeflacht, 1 Rückenflosse, kräftige Zähne. **Fortpflanzung:** II—V. **Nahrung:** Fische, kleine Wirbeltiere. **Lebensalter:** bis 25 Jahre. **Lebensraum:** stehende und langsam fließende Gewässer.

Beobachtet am:

Ort:

Flußbarsch

Perca fluviatilis Barsche

Merkmale: 20—35 cm, manchmal größer; olivgrün, mehrere, zum Bauch hin laufende, dunkle Streifen, Seiten heller, Bauch- und Brustflossen orangerot, getrennte, aneinanderstoßende Rückenflossen, 1. Rückenflosse dornig.
Fortpflanzung: IV—VI. **Nahrung:** Insekten, Wasserkrebschen, kleine Fische. **Lebensalter:** 10 Jahre. **Lebensraum:** langsam fließende Gewässer.

Beobachtet am:

Ort:

Spiegelkarpfen

Cyprinus carpio Karpfen

Merkmale: bis 70 cm; wenig Schuppen, Oberlippe mit 2 kurzen und 2 langen Barteln, große Rückenflosse. **Fortpflanzung:** VI—VII. **Nahrung:** Plankton, Pflanzen. **Lebensraum:** Teich, Seen, langsam fließende Gewässer.

Beobachtet am:

Ort:

Dreistachliger Stichling

Gasterosteus aculeatus Stichlinge

Merkmale: 4—8 cm; 3 Stacheln vor der Rückenflosse, keine Schuppen, ♂ zu Brutzeit roter Bauch, grüner Rücken, ♀ braun. **Fortpflanzung:** ♂ baut Nest, ♀ legt Eier hinein, Brutpflege, III—VI. **Nahrung:** Plankton. **Lebensalter:** 4 Jahre. **Lebensraum:** alle Gewässer möglich.

Beobachtet am:

Ort:

Bachforelle

Salmo trutta fario   Lachsfische

Merkmale: 15—60 cm; Rücken grünbraun, Bauch hell, seitlich hellbraun mit dunklen Flecken, oberhalb der Seitenlinie dunkle, unterhalb davon rote Punkte mit dunkler Umrandung, große Mundspalte bis hinter die Augen, Fettflosse. **Fortpflanzung:** IX—II, Eier im Kies eingegraben. **Nahrung:** Insekten, kleine Fische. **Lebensraum:** kalte, sauerstoffreiche Fließwässer und Seen.

Beobachtet am:

Ort:

Feuersalamander

Salamandra salamandra   Salamander; **R**3

Merkmale: 28 cm; glänzend schwarz mit leuchtendgelben, großen Flecken, Drüsenpolster hinter dem Kopf. **Fortpflanzung:** die befruchteten Eier entwickeln sich im ♀ zu vierbeinigen, Kiemenbüschel tragenden Larven. Larven werden im Wasser abgesetzt. **Nahrung:** Würmer, Schnekken, Kerbtiere. **Lebensraum:** feuchte Wälder.

Beobachtet am:

Ort: *SCHWARZWALD*

Alpensalamander

Salamandra atra	Salamander; **R**4

Merkmale: 16 cm; glänzend schwarz. **Fortpflanzung:** Tragzeit 2—3 Jahre, 2 voll ausgebildete Jungtiere. **Nahrung:** Würmer, Schnecken, Kerbtiere. Winterruhe. **Lebensraum:** Moos, Steine, Fallaub, bis 3000 m.

Beobachtet am:

Ort:

Alpenmolch

Triturus alpestris Wassermolche

Merkmale: ca. 10 cm; ♂ etwas kleiner, nur während der Laichzeit im Wasser, Bauch leuchtend orangerot, während der Laichzeit ♂ mit gelbem, ganzrandigem, schwarz geflecktem Rückenkamm, keine Schwimmhäute zwischen den Zehen, Larven überwintern im Wasser. **Fortpflanzung:** Laichzeit III–VI, Eier einzeln an Wasserpflanzen geklebt. **Nahrung:** Schnecken, Würmer, kleine Kerbtiere. **Lebensraum:** Ufer stehender oder fließender Gewässer.

Beobachtet am: **Ort:**

Europäischer Laubfrosch

Hyla arborea Laubfrösche; **R3**

Merkmale: 4—5 cm; leuchtend grün, auch gelb, schwarze Seitenlinie bis an die Hüften, Bauch weiß, lange Beine, Finger mit typischen Haftscheiben, ♂ Schallblase in der Kehle, waagrechte Pupille. **Fortpflanzung:** II—IV, Ballen zu 30—100 Eiern, Kaulquappe goldschillernd mit hohem Schwanzflossensaum. **Nahrung:** Insekten. **Lebensraum:** nachtaktiv, Büsche und Bäume in Wassernähe.

Beobachtet am:

Ort:

Wechselkröte

Bufo viridis Kröten; **R! R**2

Merkmale: KR 8—9 cm; Oberseite grau mit inselartigen Flecken und roten Warzen, Unterseite heller, Schallblase in der Kehle, Trommelfell sichtbar, Iris grün, Pupille waagrecht, Drüsen über dem Trommelfell nieren- oder birnenförmig. **Fortpflanzung:** IV—VI, Eier braunschwarz in langen 2—4reihigen Schnüren, 10 000—12 000 Eier. **Nahrung:** Insekten, Schnecken, Würmer. **Lebensdauer:** 15 und mehr Jahre. **Lebensraum:** unter Steinen, in Mauerritzen.

Beobachtet am: Ort:

Erdkröte
Bufo bufo　　　　　　　　　　　　Kröten; **R! R**3

Merkmale: KR ♂ 8 cm, ♀ bis 13 cm; plump, Oberseite braun bis graubraun, trocken, warzig, Unterseite heller, breiter Kopf, Iris kupferrot, waagrechte Pupille, Trommelfell klein und oft nicht sichtbar, dahinter halbmondförmiger Drüsenhöcker, keine Schallblase. **Fortpflanzung:** III–IV, im Wasser, ♂ umklammert ♀ von hinten, besamte Eier in Schnüren (über 6800 Eier) um Wasserpflanze, nach 12–18 Tagen Kaulquappen, Metamorphose, Jungkröten verlassen Wasser. **Nahrung:** Würmer, Insekten, Schnecken. **Lebensdauer:** 36 Jahre. **Lebensraum:** Erdlöcher, unter Steinen, Moos; bis zur Baumgrenze.
Beobachtet am:　　　　　　　**Ort:**

Gelbbauchunke

Bombina variegata Scheibenzüngler; **R**3

Merkmale: KR 5 cm; Oberseite olivgrau mit gestachelten Rückenwarzen und dunklen Flecken, die auch fehlen können, Unterseite blaugrau mit gelben Flecken, Finger- und Zehenspitzen auch gelb, Pupille rundlich bis herzförmig, Trommelfell nicht sichtbar, keine innere Schallblase, giftiges Hautsekret. **Fortpflanzung:** VI—VIII, kleine Eiballen an Wasserpflanzen und Steinen, nach einer Woche Kaulquappen, Metamorphose, Jungunken verlassen das Wasser. **Nahrung:** Kleintiere. **Lebensdauer:** 20—30 Jahre. **Lebensraum:** Tümpel, Gräben, Altwässer mit Pflanzen. **Beobachtet am:** Ort:

Grasfrosch

Rana temporaria Echtfrösche; **R**3

Merkmale: bis 10 cm; Oberseite gelb-, rot-, schwarzbraun, glatt, dunkel fleckig, manchmal heller Aalstrich, an den Schläfen schwarzer Keilstrich, Unterseite gelblich bis weiß mit bräunlichen Flecken, 2 innere Schallblasen, Auge mit goldbrauner Iris, waagrechter Pupille, kleiner Fersenhökker an der 1. Zehe. **Fortpflanzung:** II–IV, große Laichballen mit 3000–4000 Eiern, 2–3 Monate als Kaulquappen, Metamorphose, Jungfrösche aus dem Wasser. **Nahrung:** Insekten, Spinnen, Kleintiere. **Lebensdauer:** über 10 Jahre. **Lebensraum:** Feuchtbiotope, Wiesen, Gärten.
Beobachtet am: **Ort:**

Wasserfrosch

Rana esculenta   Echtfrösche; **R**3

Merkmale: KR ♂ 5—7,5 cm, ♀ bis 10 cm; Oberseite grünlich mit hellem Aalstrich und dunklen Flecken, Unterseite gelblichgrau gefleckt, Haut glatt, zur Paarungszeit zwei äußere Schallblasen bei ♂. **Fortpflanzung:** V, Laich in Ballen zu 5000—10 000 Eiern, grünliche Kaulquappen nach Metamorphose zu Frosch. **Lebensdauer:** mehr als 10 Jahre. **Lebensraum:** in dicht bewachsenen Gewässern.

Beobachtet am:

Ort: *HALTERN FROSCHTEICH*

Europ. Sumpfschildkröte

Emys orbicularis Sumpfschildkröten; **R**1

Merkmale: bis 20 cm; flach gewölbt, Kopf, Beine und Schwanz voll einziehbar, Schwanz mit gelben Punkten, Schwimmhäute, scharfe Krallen, Unterseite hellgelb, ♂ nach innen gewölbter Bauchpanzer. **Fortpflanzung:** Eier in Löcher; 60—70 Tage Brutzeit durch Sonne. **Nahrung:** kleine Wassertiere. **Lebensraum:** Seen, Moore.

Beobachtet am:

Ort:

Blindschleiche

Anguis fragilis Echsen; **R**3

Merkmale: bis 45 cm; schlangenförmige Echse ohne Beine, grau bis braun mit dunklen Längslinien, bewegliche Augenlider, Unterseite dunkler, regelmäßig angeordnete Schuppen. **Fortpflanzung:** TR 5 Wochen, 8–25 lebende Junge. **Nahrung:** Regenwürmer, Nacktschnecken. **Lebensraum:** Schonungen, Himbeerschläge, feuchte Plätze.

Beobachtet am:

Ort:

Smaragdeidechse

Lacerta viridis Eidechsen; **R**2

Merkmale: 30—40 cm; Schwanz doppelt so lang wie der Körper, mittellanger, spitzer Kopf, braune Augen, Trommelfell sichtbar, Oberseite grasgrün bis gelbgrün, Unterseite gelb bis weiß, zur Paarungszeit mit schwarzen Tupfen, selten blaue Kehle; gezacktes Halsband, sehr klei ne Rückenschuppen, 42—56 Schuppen in Querreihen, Bauchschilder in 6—8 Reihen. **Fortpflanzung:** 5—12 Eier in warmen Boden, VII/VIII schlüpfen Junge. **Nahrung:** Heuschrecken, Insekten. **Lebensdauer:** 12—15 Jahre. **Lebensraum:** sonniges, steiniges, gedecktes Gelände, Weingärten, Wegränder.
Beobachtet am: Ort:

Zauneidechse

Lacerta agilis Eidechsen; **R**3

Merkmale: 18—20 cm; Oberseite hellbraun mit dunklem Mittelstreifen und weißen, dunkel geränderten Flecken in Längsreihen, ♂ zur Paarungszeit grün mit grünem Bauch, ♀ Bauch gelblich, stumpfer Kopf, braune Augen, Trommelfell sichtbar, gezacktes Halsband, Schuppen gekielt, auf dem Rücken 32—42 Querreihen, Bauchschilder in 6—8 Längsreihen. **Fortpflanzung:** V—VII, 3—14 Eier in Mauerritzen, kleinen Erdhöhlen. **Nahrung:** Insekten, Würmer. **Lebensdauer:** 12—15 Jahre. **Lebensraum:** trockene, sonnige Plätze.
Beobachtet am: Ort:

Kreuzotter

Vipera berus Vipern; **giftig, R**3

Merkmale: 60—80 cm; meist grau, ♀ meist braun, aber auch kupferrot oder fast schwarz, mit deutlichem Zickzackband auf dem Rücken, große Schuppen in 21 Reihen, 132—158 Bauchschilder, Pupille senkrecht, Iris rotbraun bis feuerrot. **Fortpflanzung:** 5—20 lebende Junge von 15—20 cm Länge. **Nahrung:** Frösche, Eidechsen, besonders Wühlmäuse. **Lebensdauer:** 20—25 Jahre. **Lebensraum:** Heide, Wälder, Moore.

Beobachtet am: **Ort:** HARZ

Ringelnatter

Natrix natrix Nattern; **ungiftig! R**3

Merkmale: 60—90 cm; Oberseite verschieden grau bis braun mit 4—6 Längsreihen schwarzer Flecken oder Barren, Kopf braun bis schwarz, am Hinterkopf weißen bis orangegelben Mondfleck mit anschließendem schwarzem Mondfleck, Kehle weiß, Unterseite schwarz oder dunkelbraun, auch weiß gewürfelt, Rückenschuppen in 19 Längsreihen, gekielte Schuppen mit Ausnahme des Schwanzes, 157—187 Bauchschilder. **Fortpflanzung:** VII—VIII, Eier unter Laub, Steine, Dung, 10—35 Jungtiere. **Nahrung:** Lurche, Fische. **Lebensdauer:** 20—25 Jahre. **Lebensraum:** Feuchtgebiete, Waldränder, Parks, Geröll. **Ort:**

Beobachtet am:

Hornotter

Vipera ammodytes   Ottern; **giftig!** **R**2

Merkmale: bis 90 cm; Oberseite grau mit dunklem Zickzackband oder Rautenband, Unterseite gelb, spaltenförmige Pupillen, kurzer Schwanz, Schuppen gekielt, Giftzähne, auf der Schnauze weiches, aufstehendes Horn, Schuppen in 21—25 Reihen. **Fortpflanzung:** lebende Junge. **Nahrung:** Mäuse, Eidechsen, durch Biß vergiftet. **Lebensraum:** sonniges, steiniges Gelände der SO-Alpen.

Beobachtet am:

Ort:

Gefiederteile der Vögel

Haubentaucher

Podiceps cristatus　　　　　　　Lappentaucher; **R**3, **ST**

Merkmale: 48 cm, 1100 g; Oberseite schwarzbraun, langer Hals mit schmalem Kopf, BK mit roten Federohren und rostrotem Backenbart. **Fortpflanzung:** V–VII, 4–5 Eier, B 25–29 Tage. **Nahrung:** Kleintiere. **Lebensraum:** Seen, Teiche mit bewachsenen Uferzonen.

Beobachtet am:

Ort:

Graureiher

Ardea cinerea   Reiher; **R**3, **TZ**

Merkmale: 91 cm, Halslänge 41 cm, 1500–2000 g; Kopf und Unterseite weißlich, deutlich schwarzer Überaugenstreif, schwarzer Federschopf am Hinterkopf, gelber, dolchartiger Schnabel, lange, braune Beine; im Flug Hals angewinkelt, Beine länger als der Schwanz. **Fortpflanzung:** II–VIII, 3–5 Eier, B 25–28 Tage, N 50–55 Tage. **Nahrung:** kleine Tiere. **Lebensraum:** Ufer seichter Gewässer.

Beobachtet am:

Ort:

Weißstorch

Ciconia ciconia Störche; **R** 1, **Z**

Merkmale: 102 cm, 3400 g; Arm- und Handschwingen schwarz, sonst weiß, Beine und Schnabel rot. **Fortpflanzung:** III—VI, 3—5 Eier, B 31—34 Tage, N 55 Tage. **Nahrung:** Amphibien, Mäuse, Insekten, Fische. **Lebensraum:** Wiesen, feuchte Gebiete.

Beobachtet am:

Ort:

Schwarzstorch

Ciconia nigra Störche; **R**1, **Z**

Merkmale: 97 cm, 3000 g; schwarz, metallisch grün-rot glänzend, Unterseite weiß, Beine und Schnabel rot. **Fortpflanzung:** IV—VIII, 4 Eier, B 30—35 Tage, N 62—69 Tage. **Nahrung:** Amphibien, Fische. **Lebensraum:** Wälder mit Seen und Tümpeln.

Beobachtet am:

Ort:

Höckerschwan

Cygnus olor Schwäne; **ST**

Merkmale: 152 cm, 10—22 kg; weiß, Schnabel orange, schwarzer Höcker auf Nase. **Fortpflanzung:** IV—VI, 5—7 Eier, B 34—38 Tage. **Nahrung:** Unterwasserpflanzen. **Lebensraum:** Seen, Teiche mit bewachsenen Uferzonen.

Beobachtet am:

Ort:

Graugans
Anser anser   Gänse; **Z**

Merkmale: 76—80 cm, 2900—3300 g; graubraun, Unterseite heller, Bauch weiß, oranger Schnabel. **Fortpflanzung:** IV-VI, 5—6 Eier, B 28—29 Tage. **Nahrung:** Pflanzen. **Lebensraum:** Moore, feuchte Wiesen, flache Ufer mit Bewuchs.

Beobachtet am:

Ort:

Stockente ♀

Anas platyrhynchos Entenvögel; **ST**

Merkmale: 58 cm, 900—1500 g; ♂ grünschillernder Kopf, weißer Halsring, braune Brust, sonst grau, gelber Schnabel; ♀ braun gesprenkelt, an den Flügeln violette Binden. **Brut:** III—VI, 6—10 Eier, B 26—29 Tage. **Nahrung:** Wasserpflanzen, Wassertiere, Getreide. **Lebensraum:** flache, stehende Gewässer.

Beobachtet am:

Ort:

Krickente ♂

Anas crecca Enten; **R3,Z**

Merkmale: 36 cm, 250—350 g; ♀ braun gefleckt; ♂ brauner Kopf mit grünen Seitenstreifen, braun geperlt. **Fortpflanzung:** V—VI, 6—10 Eier, B 21—25 Tage. **Nahrung:** kleine Wassertiere, im Winter Wasserpflanzen. **Lebensraum:** stehende und langsam fließende Gewässer.

Beobachtet am:

Ort:

Gänsesäger ♀

Mergus merganser   Entenvögel; **R**2, **ST**
sehr stark gefährdet!

Merkmale: 66 cm; 1200–2000 g, ♂ Gefieder weiß mit rötlichem Hauch, Kopf und Rücken schwarz, längere Hinterkopffedern, leuchtendroter Schnabel; ♀ Gefieder meist gräulich, Hals und Kopf braun, Brust und Kehle weiß, brauner Hinterkopfschopf, roter Schnabel. **Brut:** III–VI, 8–12 Eier, B 32–35 Tage, Höhlenbrüter. **Nahrung:** Fische bis zu 15 cm. **Lebensraum:** Flüsse und Seen mit Bäumen am Ufer.

Beobachtet am: Ort:

Eiderente ♂ BK ♀ BK

Somateria mollissima Meertauchenten; **ST**

Merkmale: 59 cm; ♂ weiß; Stirn, Flanken, Bauch schwarz; Nacken und Seiten des Halses grünlich; ♀ braun gebändert mit weißen Flügelbinden. SK — ♂ schokoladenbraun; weißer Vorderflügel; vereinzelt weiße Federn; Stirn und Schnabel in flacher Linie; Schnabel hoch angesetzt; kurzer Hals; plumpe Figur. **Fortpflanzung:** 3—6 Eier; B 25—28 Tage; Bodenbrüter in Meeresnähe; „Kindergärten". **Nahrung:** Muscheln, andere Mollusken, Krebse. **Lebensraum:** Meere der Nordhalbkugel; Mauser-, Wintergast an Nord- und Ostsee.
Beobachtet am: Ort:

Mäusebussard

Buteo buteo echte Bussarde; **ST**

Merkmale: 51—56 cm, 600—1300 g; braun bis fast weiß, runder Kopf, kurzer Hals, breite Schwingen, abgerundeter Stoß, mit 10—12 Querbinden, oft heller Brustschild, braune Augen. **Brut:** umfangreicher Horst auf Einzelbäumen, IV—VII, 2—3 Eier, B 33—35 Tage, N 40—49 Tage. **Nahrung:** Ansitzjäger auf Kleinsäuger, Jungvögel, Reptilien. **Flug:** langsamer Ruderflug, beim Segeln breite Schwingen und gespreizter Schwanz. **Lebensraum:** Kulturland, Wiesen, Felder, Gehölze.

Beobachtet am: **Ort:**

Schwarzmilan

Milvus migrans   Milane; **R**3, **Z**

Merkmale: 56 cm, 700—1000 g; schwarzbraun, Schnabel schwarz mit gelber Basis, gelbe Fänge, Schwanz schwach gegabelt. **Fortpflanzung:** IV—VI, 2—3 Eier, B 28—32 Tage, N 40—45 Tage. **Nahrung:** Vögel, Insekten, tote und kranke Fische, Kleinsäuger. **Lebensraum:** Wälder in Seennähe.

Beobachtet am:

Ort:

Steinadler

Aquila chrysaetos Greife; **R! R**2, **ST**

Merkmale: 75—88 cm, 3000—6600 g; ♀ größer, dunkelbraun mit goldgelbem Oberkopf und Nacken, im Alter Scheitel, dunkle Augen, Fänge voll befiedert. **Brut:** Baum- oder Felshorst, III—V, 2 Eier, B 43—45 Tage, N 63—70 Tage.
Nahrung: Säuger, Aas. **Flug:** Suchflug in Deckung. **Lebensraum:** in Mitteleuropa, nur Hochgebirge.

Beobachtet am:

Ort:

Habicht

Accipiter gentilis   Habichte; **R! R3,ST**

Merkmale: 48—61 cm, 700—1200 g; schiefergrau bis graubraun, Unterseite mit Querbinden, weißer Überaugenstreifen, Schwanz vierbindig, Jungvögel rötlichbraun. **Brut:** III—VII, 3—4 Eier, B 35—41 Tage, N 38—43 Tage, Horst in hohen Bäumen. **Nahrung:** Säuger, Vögel; Überraschungsjäger. **Flug:** abwechselnd schlagend-gleitend, Schwanz selten gespreizt. **Lebensraum:** vor allem Nadelwälder.

Beobachtet am:

Ort:

Sperber

Accipiter nisus Greife; **R3**, **ST**

Merkmale: 28—38 cm, 130—320 g; ♂ Oberseite blaugrau, ♀ Oberseite braungrau, Unterseite hell mit deutlicher dunkler Bänderung, kleines Abbild des Habichts. **Fortpflanzung:** IV—VI, 4—5 Eier, B 33—35 Tage, N 24—30 Tage. **Nahrung:** Vögel. **Lebensraum:** Nadelwald mit offenem Gelände.

Beobachtet am:

Ort:

Turmfalke

Falco tinnunculus Falken; **ST**

Merkmale: 27—33 cm, ♂ 190 g; Oberkopf blaugrau, Schwanz blaugrau, Rücken rotbraun mit dunklen Flecken; ♀ 240 g, Kopf und Rücken hellbraun, Schwanz rotbraun, gebändert, Krallen schwarz. **Brut:** IV—VII, 4—6 Eier, B 27—31 Tage, N 28—32 Tage. **Nahrung:** Kleinsäuger, Insekten, Jungvögel. **Lebensraum:** offenes Gelände.

Beobachtet am:

Ort:

Bläßhuhn
Fulica atra Rallen; **ST**

Merkmale: 38 cm, 700 g; schiefergrau bis schwarz, Schnabel und Stirnschild weiß, Beine blaugrün, gelappte Zehen.
Fortpflanzung: IV–VII, 5–10 Eier, B 21–24 Tage. **Nahrung:** Pflanzen, Insekten, Schnecken, Kleintiere. **Lebensraum:** stehende und langsam fließende Gewässer.

Beobachtet am:

Ort:

Teichhuhn

Gallinula chloropus Rallen; **ST**

Merkmale: 33 cm, 300 g; Oberseite schwarzbraun, Unterseite und Kopf schwarzblau, lange grüne Beine und Zehen, Schnabel rot mit gelber Spitze, kleines rotes Schild an der Stirn, äußere Unterschwanzdecken weiß, läuft und schwimmt mit Kopfbewegung und Schwanzzucken. **Brut:** IV—VII, 4—10 Eier, B 19—22 Tage, 1—3x pro Jahr. **Nahrung:** Wasserpflanzen, Insekten, Kaulquappen, Gräser. **Lebensraum:** Ufer mit dichtem Bewuchs.

Beobachtet am: **Ort:**

Austernfischer BK

Haematopus ostralegus   Rallenschnepfen; **ST**

Merkmale: 43 cm, 600 g; BK — Oberseite und Hals schwarz, Unterseite weiß, im Flug weiße Armbinde; Augen, Schnabel und mächtige Stelzbeine rot. SK — matter, an den Halsseiten weißes Kehlband. **Fortpflanzung:** 3 Eier; B 24—27 Tage; Bodenbrüter. **Nahrung:** Muscheln, Tiere des Watts. **Lebensraum:** fast überall an der Küste; liebt steinige und sandige Küsten, Wattmeer.

Beobachtet am:

Ort:

Kiebitz

Vanellus vanellus Regenpfeifer; **R**3, **Z**

Merkmale: 30,5 cm, 200 g; weiß, weißer Bauch und Kopfseiten, im Flug weiße Armbinden; breitgerundete Flügel; rotbraune Unterschwanzdecken; Kopf mit langem Federschopf. **Fortpflanzung:** 4 Eier; B 26—29 Tage; Nest in Bodenmulde; Balzflug; Verteidigungsflug. **Nahrung:** Bodentiere. **Lebensraum:** hauptsächlich im Binnenland, aber auch auf Marschen und Dünen.

Beobachtet am:

Ort:

Großer Brachvogel

Numenius arquata Brachvögel; **R**2, **Z**

Merkmale: 53—58 cm, 600—900 g; langer, gebogener Schnabel (95 bis 185 mm); lange Stelzbeine; braun mit gelbweißen Sprenkeln; weißer Bauch; Kopf und Hals braun gestreift. **Fortpflanzung:** 4 Eier; B 27—30 Tage; Bodenbrüter. **Nahrung:** Bodentiere; Beeren. **Lebensraum:** nördliches Eurasien; Moore, Watt.

Beobachtet am:

Ort:

Silbermöwe BK

Larus argentatus Möwen; **ST**

Merkmale: 56 cm, 900—1300 g; SW 140 cm; weiß; BK — Körper und Flügel hellgrau mit schwarzen Handschwingen. SK — Kopf und Hals mit braunen Flecken; roter Unterschnabelfleck; Beine fleischfarben. **Fortpflanzung:** 2—3 Eier; B 26—32 Tage; Dauerehe; Bodenbrüter. **Nahrung:** Allesfresser, Meerestiere. **Lebensraum:** weltweit; häufigste Möwe an Nord- und Ostsee.

Beobachtet am:

Ort:

Küstenseeschwalbe

Sterna paradisea Seeschwalben; **R** 4, **Z**

Merkmale: 35 cm, 120 g; Oberseite hellgrau, Unterseite heller; braune Kappe, roter Schnabel und rote Beine. **Fortpflanzung:** 2—3 Eier, B 20—23 Tage, Saisonehe; Koloniebrüter. **Nahrung:** Stoßtaucher nach Krebsen, Kopffüßlern, kleinen Fischen. **Lebensraum:** arktische Küsten, Nord- und Ostsee.

Beobachtet am:

Ort:

Türkentaube

Streptopelia decaocto Tauben; **ST**

Merkmale: 28 cm, 200 g; hell graubraun, schwarzes Nakkenband, rötliches Auge. **Fortpflanzung:** III–IX, 2 Eier, B 13–14 Tage, N 16–19 Tage. **Nahrung:** Samen. **Lebensraum:** Parks, Gärten, offenes Gelände.

Beobachtet am:

Ort:

Steinkauz

Athene noctua   Eulen; **R**2, **ST**

Merkmale: 22 cm, 200 g; Oberseite braun mit weißen Tupfen, Unterseite hell mit braunen Längsflecken, Kopf flach, wenig Gesichtsschleier, große, hellgelbe Augen. **Brut:** IV—VI, 3—5 Eier, B 22—28 Tage, N 34 Tage, Höhlenbrüter, **Nahrung:** Insekten, Spinnen, Kleinsäuger, Kleinvögel, Reptilien. **Aktivität:** Revier, Tag und Nacht. **Lebensraum:** strukturiertes, offenes Kulturland.

Beobachtet am:

Ort:

Schleiereule

Tyto alba Eulen; **R**3, **ST**

Merkmale: 34 cm, 350 g; Oberseite grau meliert mit rostbraunen bis goldbraunen Flecken, Unterseite weiß mit goldbraunen Flecken, keine Federohren, weißer Gesichtsschleier, Augen dunkelbraun, sehr lange Flügel. **Brut:** in Gebäuden, III—X, 4—7 Eier, B 30—34 Tage, N 44—67 Tage. **Nahrung:** Kleinsäuger, meist Feldmäuse. **Lebensraum:** offenes Kulturland.

Beobachtet am:

Ort:

Rauchschwalbe

Hirundo rustica Schwalben; **Z**

Merkmale: 19 cm, 20 g; Oberseite metallisch schwarz schillernd, schwarzes Kropfband, Stirn und Kehle rostbraun, Unterseite rahmfarben, gegabelter Schwanz mit Spießen. **Fortpflanzung:** V—IX, 4—6 Eier, B 11—18 Tage, N 18—23 Tage, brütet in Gebäuden. **Nahrung:** Insekten. **Lebensraum:** jegliche Landschaften.

Beobachtet am:

Ort:

Eisvogel

Alcedo atthis   Eisvögel; **R** 2, **ST**

Merkmale: 16 cm, 38 g; Oberseite metallisch blaugrün leuchtend, Wangen und Unterseite rostbraun, Kehle und Nacken weiß, rote Beine, Schnabel dunkel, dolchartig.
Fortpflanzung: IV—VIII, 6—8 Eier, B 19—21 Tage, N 25 Tage. **Nahrung:** Stoßtauchen nach Fischen. **Lebensraum:** an Seen mit sandigen oder lehmigen Ufern.

Beobachtet am:

Ort:

Haubenlerche

Galerida cristata Lerchen; **R**3, **Z**

Merkmale: 17 cm, 45 g; Oberseite sandfarben, Unterseite heller, Brust gestrichelt, deutliche Federhaube, kurzer Schwanz, leicht gebogener, langer Schnabel. **Fortpflanzung:** IV—VI, 3—5 Eier, B 13 Tage, N 9—10 Tage, Bodenbrüter. **Nahrung:** Samen, grüne Pflanzenteile, Insekten. **Lebensraum:** Brachland, Bahndämme, Stadtränder.

Beobachtet am:

Ort:

Großer Buntspecht

Picoides major   Spechte; **ST**

Merkmale: ♂ 23 cm, 80 g; schwarzweiß, schwarzer Bartstreifen zum Hinterkopf, Bauch weiß, roter Fleck am Hinterkopf und Unterschwanz, weiße Schulterflecken; ♀ ohne roten Hinterkopffleck; Trommelwirbel. **Brut:** in Weichholzhöhlen, V—VI, 4—7 Eier, B 12 Tage, N 18—21 Tage. **Nahrung:** im Holz lebende Insekten und Larven, im Winter Nüsse, Zapfen, Baumsaft. **Lebensraum:** Wälder, Parks, Gärten.

Beobachtet am: **Ort:**

Bachstelze

Motacilla alba   Stelzen; **Z**

Merkmale: 18 cm, 23 g; Oberseite grau, Unterseite weiß, Kopf und Hals schwarzweiß, langer Schwanz, spitzer und langer Schnabel, schneller Lauf, ständig wippender Schwanz. **Fortpflanzung:** IV—VIII, 5—6 graue Eier mit kleinen graubraunen Punkten, B 12—14 Tage, N 14—15 Tage, Höhlenbrüter. **Nahrung:** Insekten. **Lebensraum:** meist in Wassernähe.

Beobachtet am: *Garten*

Ort:

Baumpieper

Anthus trivialis Stelzen; **Z**

Merkmale: 15 cm, 23 g; Oberseite braun schwach gefleckt, Unterseite rahmfarben mit braunen Längsflecken auf der Brust und den Flanken, helle Beine, singt schmetternd auf hohen Bäumen. **Fortpflanzung:** V—VII, 4—6 dunkel- bis rotbraune Eier, B 13 Tage, N 10—11 Tage, Bodenbrüter. **Nahrung:** Insekten. **Lebensraum:** lichte Wälder, Waldränder, Lichtungen.

Beobachtet am:

Ort:

Wasseramsel

Cinclus cinclus Wasseramseln; **R**3, **ST**

Merkmale: 18 cm, 60 g; dunkelbrauner Vogel mit auffälligem, weißem Brustlatz, Kopf graubraun, kurzer Schwanz, taucht, schwimmt. **Fortpflanzung:** III—VI, 5—6 Eier, B 14—18 Tage, N 19—23 Tage, Nest an Steilhängen in Wassernähe. **Nahrung:** Wasserinsekten, Wassertiere, die tauchend gefangen werden. **Lebensraum:** schnellfließende Gewässer. Standvogel.

Beobachtet am:

Ort:

Zaunkönig
Troglodytes troglodytes   Zaunkönige; **Z**

Merkmale: 9,5 cm, 9 g; brauner, rundlicher Vogel, kurzer, meist aufgestellter Schwanz, langer Schnabel, große Augen, heller Augenüberstreifen. **Fortpflanzung:** IV–VII, 5–7 Eier, B 14–17 Tage, N 15–20 Tage, Nest am Boden. **Nahrung:** Insekten, Spinnen, manchmal Beeren. **Lebensraum:** Gebüsch, Unterholz, Hecken.

Beobachtet am:

Ort:

Gartenrotschwanz ♂
Phoenicurus phoenicurus   Sänger; **R**3, **Z**

Merkmale: 14 cm, 15 g; ♂ Oberseite schiefergrau, Unterseite und Schwanz leuchtend rostrot, Stirn weiß, Kehle und Wangen schwarz, ♀ braun mit heller Unterseite und rötlichem Schwanz. **Fortpflanzung:** V–VII, 5–7 Eier, B 12–17 Tage, N 13–17 Tage, Höhlenbrüter. **Nahrung:** Insekten, Spinnen, Schnecken. **Lebensraum:** lichte Wälder, Gärten, Parks.

Beobachtet am:

Ort:

Hausrotschwanz ♂

Phoenicurus ochruros   Sänger; **Z**

Merkmale: 14 cm, 17 g; ♂ schwärzlicher Vogel mit weißem Flügelfleck, Schwanz rostrot, ♀ aschgrau. **Fortpflanzung:** IV—VII, 5—6 Eier, B 13 Tage, N 15 Tage, Halbhöhlenbrüter. **Nahrung:** Insekten, Spinnen. **Lebensraum:** Gärten, Parks, lichte Wälder.

Beobachtet am:

Ort:

Rotkehlchen

Erithacus rubecula Sänger; **TZ**

Merkmale: 14 cm, 16 g; Oberseite olivbraun, Kehle, Stirn, Brust orangerot, Unterseite schmutzigweiß, große Augen.
Fortpflanzung: V—VII, 5—7 Eier, B 12—15 Tage, N 13—15 Tage, Bodenbrüter. **Nahrung:** Insekten, Spinnen, Schnekken, Würmer. **Lebensraum:** Laubwälder, Parks, Gärten.

Beobachtet am:

Ort: Garte

Amsel ♂

Turdus merula Sänger; **TZ**

Merkmale: 25 cm, 95 g; ♂ schwarz mit orangegelbem Schnabel, gelb geränderte Augen, ♀ braun mit braunem Schnabel, Bauch etwas heller, Jungvögel rotbraun mit heller, gefleckter Brust. **Fortpflanzung:** 4—6 bläulichgrüne Eier mit rostroter Musterung, die stark variiert, B 13—14 Tage, N 12—16 Tage, Nest in der Deckung von Hecken, Büschen, Pflanzen. **Nahrung:** Regenwürmer, Spinnen, Schnecken, Obst, Beeren. **Lebensraum:** Wälder, Parks, Gärten, Städte. Teilzieher, überwintert oft in menschlicher Siedlung.

Beobachtet am: Ort: Garten

Singdrossel

Turdus philomelos Drosseln; **Z**

Merkmale: 23 cm, 70 g; Oberseite braun, Unterseite weiß mit kräftigen dunklen Tupfen, Brust rostfarben, große Augen. **Fortpflanzung:** VI–VII, 4–5 Eier, B 12–13 Tage, N 12–16 Tage, Baumbrüter. **Nahrung:** Insekten, Würmer, Schnecken, Beeren, Obst. **Lebensraum:** Wälder, Parks, Gärten.

Beobachtet am:

Ort:

Drosselrohrsänger

Acrocephalus arundinaceus Grasmücken; **R**1, **Z**

Merkmale: 19 cm, 30 g; Oberseite olivgrün, Unterseite hell, langer Schnabel, deutlicher Überaugenstreifen. **Fortpflanzung:** V—VII, 4—5 Eier, B 13—15 Tage, N 12 Tage, Hängenest. **Nahrung:** Insekten, Spinnen, kleine Wassertiere. **Lebensraum:** im Schilfbestand der Gewässer.

Beobachtet am:

Ort:

Gartengrasmücke

Sylvia borin Grasmücken; **Z**

Merkmale: 14 cm, 20 g; Oberseite olivgraubraun, Unterseite heller, gute Tarnung. **Fortpflanzung:** V—VII, 3—5 Eier, B 12—14 Tage, N 10—12 Tage, brütet nahe am Boden. **Nahrung:** Insekten, auch Beeren. **Lebensraum:** Gebüsch.

Beobachtet am:

Ort:

Mönchsgrasmücke ♂

Sylvia atricapilla Grasmücken; **Z**

Merkmale: 14 cm, 20 g; Oberseite graubraun, Unterseite grau, ♂ mit schwarzer, ♀ mit brauner Kopfplatte. **Fortpflanzung:** V—VII, 4—5 Eier, B 12—14 Tage, N 10—12 Tage, Nest gut versteckt im Gebüsch. **Nahrung:** Insekten, Spinnen, im Herbst auch Beeren. **Lebensraum:** Wälder, Parks, Gebüsch.

Beobachtet am:

Ort:

Kohlmeise

Parus major Meisen; **ST**

Merkmale: 14 cm, 20 g; schwarzer Kopf mit weißen Wangen, Oberseite olivgrün, Unterseite gelb mit schwarzem Bauchstreifen. **Fortpflanzung:** IV–VII, 8–12 Eier, B 12–14 Tage, N 15–20 Tage, Höhlenbrüter. **Nahrung:** Insekten, Samen, Beeren. **Lebensraum:** Wälder, Gärten, Parks.

Beobachtet am:

Ort: Garten

Blaumeise ♂

Parus caeruleus Meisen; **ST**

Merkmale: 11,5 cm, 11 g, blauer Scheitel, Flügel und Schwanz, Kopfseiten weiß mit schwarzem Augenstrich, Unterseite leuchtend gelb, kleiner Schnabel. **Fortpflanzung:** IV–VI, 7–14 Eier, B 13–15 Tage, N 16–18 Tage, Höhlenbrüter. **Nahrung:** kleine Insekten, Samen. **Lebensraum:** Wälder, Parks, Gärten.

Beobachtet am: Gärten

Ort:

Tannenmeise

Parus ater Meisen; **ST**

Merkmale: 11 cm, 9 g; schwarzer Kopf mit weißen Backen und Nackenfleck, Bauchseite grauweiß ohne Mittelstrich. **Fortpflanzung:** IV—VI, 9—11 Eier, B 13—17 Tage, N 16—23 Tage, Höhlenbrüter. **Nahrung:** Insekten, Nadelbaumsamen. **Lebensraum:** Nadelwälder, Nadelbaumbestände, bis zur Waldgrenze.

Beobachtet am:

Ort:

Kleiber

Sitta europaea Kleiber; **ST**

Merkmale: 14 cm, 23 g; Oberseite grau, Unterseite rostrot, schwarzer Augenstrich, spitzer, spechtartiger Schnabel, kurzer Schwanz, klettert kopfüber an Bäumen herunter.
Fortpflanzung: IV—VI, 6—8 Eier, B 13—15 Tage, N 22—25 Tage, Höhlenbrüter, der sich sein Einflugloch mit Lehm verkleinert. **Nahrung:** Insekten. **Lebensraum:** Wälder, Parks, Gärten.

Beobachtet am:

Ort:

Pirol ♂

Oriolus oriolus   Pirole; **R**3; **Z**

Merkmale: 24 cm, 72 g; ♂ leuchtend gelb mit schwarzen Flügeln und schwarzem Augenstrich, schwarzgelber Schwanz, ♀ Oberseite gelbgrün, Unterseite hellgrau mit Längsstreifen, Flügel und Schwanz braun. **Fortpflanzung:** V—VII, 3—4 Eier, B 14—18 Tage, N 14—17 Tage, Baumbrüter. **Nahrung:** Insekten, Früchte. **Lebensraum:** Eichenwälder, Parks, Laubwälder, in Wassernähe.

Beobachtet am:

Ort:

Neuntöter ♂ ♀

Lanius collurio Würger; **R**2, **Z**

Merkmale: 17 cm, 30 g; ♂ Oberseite rotbraun, Kopf aschgrau mit schwarzem Augenstrich, Unterseite rötlichweiß, ♀ Oberseite rostbraun, Unterseite cremefarben mit sichelförmiger Zeichnung. **Fortpflanzung:** V—VII, 4—6 Eier, B 14—16 Tage, N 12—15 Tage, Baumbrüter. **Nahrung:** meist Fluginsekten, Frösche, Kleinvögel, Mäuse. Beute wird aufgespießt. **Lebensraum:** dorniges Gebüsch, Hecken, Bahndämme, Schonungen.

Beobachtet am: **Ort:**

Kolkrabe
Corvus corax Rabenvögel; **R**2, **ST**

Merkmale: 64 cm, 1250 g; tiefblauschwarz schillerndes Gefieder, starker, großer Schnabel, keilförmiger Schwanz. **Brut:** II—V, 3—6 Eier, B 20—23 Tage, N 40 Tage. **Nahrung:** Allesfresser. **Lebensraum:** Alpentäler, Wälder im Tiefland.

Beobachtet am:

Ort:

Saatkrähe

Corvus frugilegus Rabenvögel; **R2**, **ST**

Merkmale: 46 cm, 480 g; schwarz metallisch schillernd, gewölbter Scheitel, langer Schnabel mit grauer Schnabelbasis, Federn des Bauches und der Beine abstehend. **Fortpflanzung:** III—V, 3—6 Eier, B 17—20 Tage, N 28—35 Tage. **Nahrung:** kleine Tiere, Mäuse, Samen, Saat. **Lebensraum:** Wälder am Rand offener Flächen, Kulturland mit hoher Vegetation.

Beobachtet am:

Ort:

Alpendohle

Pyrrhocorax graculus Rabenvögel; **R**3, **ST**

Merkmale: 38 cm, 230 g; schwarzes, glänzendes Gefieder, schwach gebogener gelber Schnabel, orangerote Beine. **Brut:** IV—VII, 4—5 Eier, B 18—21 Tage, N 31—38 Tage. **Nahrung:** Insekten, Würmer, Schnecken, Aas, Abfälle, Früchte. **Lebensraum:** Hochgebirge, nur im Winter bis in Tallagen.

Beobachtet am:

Ort:

Elster
Pica pica   Rabenvögel; **ST**

Merkmale: 46 cm mit Schwanz, 210 g; typisches, schwarz-weißes Muster, metallisch glänzend, Flatterflug. **Fortpflanzung:** III–V, 5–7 Eier, B 18–20 Tage, N 4–5 Wochen. **Nahrung:** Allesfresser. **Lebensraum:** offene Gelände mit Büschen und einzelnen Bäumen, Parks.

Beobachtet am:

Ort:

Eichelhäher

Garrulus glandarius   Rabenvögel; **ST**

Merkmale: 34 cm, 170 g; rötlichbrauner Vogel, Oberkopf weiß mit schwarzen Strichen, schwarzer Bartstrich, Kehle weiß, blau-weiß-schwarze Bänderung an der Schulter, schwarze Flügel mit weißem Fleck, Bürzel weiß, Schwanz schwarz. **Fortpflanzung:** IV—VI, 5—6 Eier, B 16—17 Tage, N 19—20 Tage, Baumbrüter. **Nahrung:** Eicheln, Bucheckern, Früchte, Insekten, Nesträuber. **Lebensraum:** Wälder, dichte Baumbestände.

Beobachtet am: **Ort:**

Tannenhäher
Nucifraga caryocatactes Rabenvögel; **ST**

Merkmale: 32 cm, 170 g; dunkelbraun mit weißen Sprenkeln, Oberkopf braun, Flügel schwarz, Unterschwanzdecke weiß, kräftiger schwarzer Schnabel. **Brut:** III—V, 3—4 Eier, B 16—21 Tage, N 21—25 Tage. **Nahrung:** Nadelbaumsamen, Nüsse, Insekten. **Lebensraum:** Nadel- und Mischwald mittlerer und höherer Lagen.

Beobachtet am:

Ort:

Star

Sturnus vulgaris Stare; **Z**

Merkmale: 21,5 cm, 75 g; metallisch schwarzblau, schwarzrot, schwarzgrün glänzender Vogel, übersät mit weißen Punkten, gelber Schnabel, hüpft nicht. **Fortpflanzung:** IV—VII, 4—6 Eier, B 11—14 Tage, N 17—22 Tage, Höhlenbrüter. **Nahrung:** Insekten, Würmer, Früchte. **Lebensraum:** Parks, Gärten, Laub- und Mischwälder.

Beobachtet am:

Ort: Garten

Haussperling ♂

Passer domesticus   Sperlinge; **ST**

Merkmale: 15 cm, 30 g; ♂ Scheitel und Bürzel grau, Hinterkopf und Kopfseiten rotbraun, weiße Wangen, schwarzer Kehllatz und Schnabel, Flügel braun mit weißem Streifen, ♀ graubraun, Unterseite heller. **Fortpflanzung:** IV—VIII, B 11—14 Tage, N 13—14 Tage, Höhlenbrüter in Gebäuden, in Kolonien. **Lebensraum:** menschliche Siedlungen.

Beobachtet am:

Ort:

Stieglitz

Carduelis carduelis Finken; **TZ**

Merkmale: 12 cm, 16 g; brauner Rücken, rote Gesichtsmaske, Kopf schwarzweiß, schwarz-weiß-gelbe Flügel, Unterseite heller braun. **Fortpflanzung:** V—VIII, 4—6 Eier, B 11—13 Tage, N 13—15 Tage, Baumbrüter. **Nahrung:** Distelsamen, Samen, auch kleine Insekten. **Lebensraum:** Kulturfolger, Parks, Gärten, Ödland.

Beobachtet am:

Ort:

Hänfling ♂

Acanthis cannabina   Finken; **R**2, **ST**

Merkmale: 13,5 cm, 18 g; Rücken rotbraun, im Sommer ♂ grauer Kopf, Bauch hellbraun, Scheitel und Brust rot, ♀ ohne Rot, im Winter weniger intensiv. **Fortpflanzung:** IV—VIII, 4—6 Eier, B 12—13 Tage, N 14—16 Tage, brütet im Gebüsch in Kolonien. **Lebensraum:** Kulturlandschaft mit Hecken und Büschen.

Beobachtet am:

Ort:

Gimpel ♂

Pyrrhula pyrrhula   Finken; **R**2, **ST**

Merkmale: 15 cm, 26 g; ♂ Oberseite graublau, Unterseite und Wangen leuchtend rot, Flügel schwarz mit weißer Binde, schwarzer Oberkopf, Bürzel weiß, kräftiger schwarzer Schnabel, ♀ Oberseite graubraun, Unterseite rötlichbraun. **Fortpflanzung:** IV–VIII, 4–6 Eier, B 12–14 Tage, N 15–18 Tage, Baumbrüter. **Nahrung:** Samen, Knospen, Beeren, Insekten. **Lebensraum:** Wälder, Gärten, Parks.

Beobachtet am: **Ort:**

Kernbeißer

Coccothraustes coccothraustes   Finkeń; **TZ**

Merkmale: 18 cm, 55 g; kräftiger Vogel mit mächtigem Schnabel, kurzer Schwanz, weiße Flügel- und Schwanzbinde, Nacken grau, Kehle schwarz, ebenso Schnabelumrahmung, Schwungfedern metallisch schwarz, Kleid zimtfarben, Schnabel graublau im Sommer, im Winter und mit Jungen fleischfarben. **Fortpflanzung:** IV—VI, 4—6 Eier, B 10—14 Tage, N 12—14 Tage, Baumbrüter. **Nahrung:** Samen, Kernobstkerne. **Lebensraum:** Laub- und Mischwälder, Parks, Gärten, Friedhöfe.

Beobachtet am: **Ort:**

Buchfink ♂

Fringilla coelebs Finken; **TZ**

Merkmale: 15 cm, 20 g; ♂ Oberkopf und Nacken blaugrau, Stirn schwarz, Unterseite rötlichbraun, 2 weiße Flügelbinden, weißer Schulterfleck, Außenkanten am Schwanz weiß, ♀ olivbraun mit heller Unterseite, Nacken und Oberkopf eher grau, weißer Schulterfleck, Flügelbinden weiß.
Fortpflanzung: IV—VII, 3—6 hellblaue Eier, dicht rosa gefleckt, so daß die Grundfarbe verschwinden kann, B 12—13 Tage, N 12—15 Tage, Baumbrüter. **Nahrung:** Insekten, Samen. **Lebensraum:** überall, mit Bäumen. Überwintert oft in der Nähe menschlicher Siedlungen.
Beobachtet am: Ort:

Tierspuren

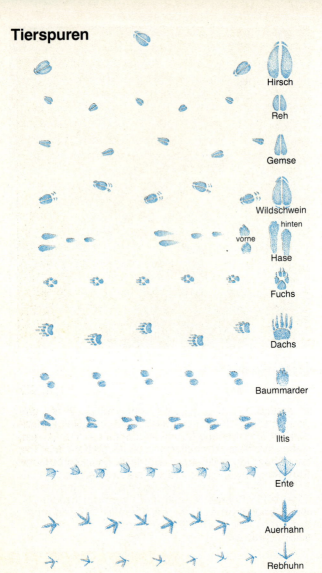

Igel

Erinaceus europaeus Igel, **R**2

Merkmale: 450—1200 g; KR 22—27 cm, SL 2—3,5 cm, KH 10—12 cm; Oberseite mit spitzen, braun-weißen Stacheln, Unterseite hellbraun, spitzer Kopf mit kleinen Augen, kurze Beine. **Fortpflanzung:** V—IX, 1—2 Würfe, 2—10 Junge, TR 5—6 Wochen. **Nahrung:** Insekten, Schnecken. **Lebensdauer:** 8—10 Jahre. **Lebensraum:** Gärten, Hecken.

Beobachtet am:

Ort:

Maulwurf

Talpa europaea Maulwürfe

Merkmale: 65—130 g; KR 11—16 cm, SL 2—4 cm, KH 3 cm; dicht schwarzbraun behaart, spitze, kaum behaarte Schnauze, stecknadelkopfgroße Augen, Vorderbeine kurz, zu Grabschaufeln mit langen Grabkrallen. **Fortpflanzung:** III—V, 4—5 nackte Junge, TR 4 Wochen. **Nahrung:** Insekten, Regenwürmer, Schnecken, Kleinsäuger. **Lebensdauer:** 3—4 Jahre. **Lebensraum:** Lockere Böden.

Beobachtet am:

Ort:

Feldspitzmaus

Sorex araneus Spitzmäuse

Merkmale: 4—16 g; KR 5,8—8,7 cm, SL 3,2—5,6 cm, Oberseite dunkelbraun, Flanken heller braun, Unterseite grau, Schwanz kürzer als der Körper, Schnauze spitz, sehr kleine Augen, Ohren kaum sichtbar. **Fortpflanzung:** IV—X, 3—4 Würfe mit 4—10 nackten Jungen, Tragzeit 13—20 Tage. **Nahrung:** fleischfressend. **Lebensdauer:** 1,5 Jahre. **Lebensraum:** feuchte Gebiete.

Beobachtet am:

Ort:

Zwergfledermaus

Pipistrellus pipistrellus Glattnasen; **R! R**3

Merkmale: 3—8 g; KR 3,3—5,2 cm, SL 2,6—3,3 cm, H 0,4—0,7 cm, U 2,7—3,2 cm, Oberseite braun, Unterseite heller, Ohren dreieckig mit runden Enden und großem Ohrendeckel (Tragus), schmale Flügel, der letzte Schwanzwirbel nicht in der Flughaut. **Fortpflanzung:** 1—3 blinde, nackte Jungen nach 75 Tagen Tragzeit, weibliche Tiere in Wochenstuben. **Lebensdauer:** 20 Jahre. **Lebensraum:** menschliche Siedlung, überwintert in Höhlen und Dachböden.

Beobachtet am: **Ort:**

Kaninchen

Oryctolagus cuniculus   Hasen

Merkmale: 1,3—3 kg; KR 35—45 cm, SL 4—8 cm, KH 16 bis 18 cm; graubraun, Unterseite hell bis weiß, große Augen, Ohren kürzer als der Kopf, mit schwarzem Rand. **Fortpflanzung:** III—IX, 5—6 Würfe, bis 15 Junge, TR 28—31 Tage. **Nahrung:** Früchte, Beeren, Pilze. **Lebensdauer:** 1—2 Jahre. **Lebensraum:** Parks, Gärten, deckungsreiches Gelände.

Beobachtet am:

Ort:

Feldhase

Lepus capensis Hasen; **R**3

Merkmale: 2500—6500 g; KR 44—76 cm, SL 7—11 cm, KH 22—30 cm; oberseits gelbbraun mit weißen und dunklen Haarspitzen, Bauch und Schwanzunterseite weiß, Fell weich und dicht, große hellbraune Ohren mit schwarzen Spitzen, schwarze Nase und Schwanzoberseite, Brust, Kehle und Flanken gelblich. **Fortpflanzung:** III—X, 3—4 Würfe mit sehenden, behaarten Laufjungen. **Nahrung:** Pflanzen, manchmal kleine Tiere. **Lebensdauer:** 10—12 Jahre. **Lebensraum:** überall.

Beobachtet am: **Ort:**

Murmeltier

Marmota marmota Hörnchen

Merkmale: 4—8 kg; KR 50—58 cm, SL 13—16 cm, KH 8—10 cm; dichtes, rauhes, graubraunes Fell mit hellen Haarspitzen, Bauchseite heller, buschiger Schwanz mit schwarzer Spitze, runder Kopf mit flacher Stirn, schwarze Nase, dunkelbraune Augen, kleine Ohren. **Fortpflanzung:** 33—35 Tage Tragzeit, 2—4 blinde, nackte Junge. **Nahrung:** Gras, Kräuter. **Lebensdauer:** 15—18 Jahre. Winterschläfer. **Lebensraum:** sonnige Hänge des Hochgebirges.

Beobachtet am: Ort:

Eichhörnchen

Sciurus vulgaris   Hörnchen; **R!**

Merkmale: 230—280 g; KR 20—28 cm, SL 14—24 cm, KH 5—7 cm; feines, dichtes, rotgraues bis schwarzes Fell, große, dunkelbraune Augen, Ohrpinsel, langer, buschiger Schwanz, Beine länger als Arme, Nager. **Fortpflanzung:** Kugelnest (Kobel), Tragzeit 38 Tage, 3—7 Junge, nackt, blind. **Nahrung:** Pflanzenteile, Eier, Jungvögel (Nesträuber). **Lebensdauer:** 8—10 Jahre. **Lebensraum:** Wälder, Parks, Gärten.

Beobachtet am: Ort:

Baumschläfer

Dryomys nitedula Schläfer; **R! R**3

Merkmale: KR 10 cm; SL 9 cm; Oberseite grau, Unterseite weißlich, schwarzer Augenring von der Nase bis zum Ohr, Oberlippe, Wange scharf weiß abgegrenzt, dichtbehaarter, braungrauer Schwanz, Unterseite weiß. **Fortpflanzung:** 3—4 nackte, blinde Junge. **Nahrung:** Pflanzenfresser, Insekten, Spinnen. **Aktivität:** Dämmerung, Nacht. **Lebensraum:** lichte Wälder.

Beobachtet am: Ort:

Siebenschläfer

Glis glis Schläfer

Merkmale: 70—180 g; KR 15—19 cm, SL 11—15 cm, KH 2,5—3,5 cm; Fell dicht, oberseits gräulichbraun, unterseits hellgrau, Ohren klein, ohne Haarpinsel, Augen groß, dunkelbraun, Nase fleischfarben, Zehen 4/5, dunkler Augenring. **Fortpflanzung:** 30—32 Tage Tragzeit, 2—7 Junge, nackt, blind. **Nahrung:** Pflanzenteile, Beeren, Eier, Jungvögel, Obst. **Lebensdauer:** 9 Jahre. **Lebensraum:** Wälder, Parks.

Beobachtet am: Ort:

Haselmaus

Muscardinus avellanarius　　　　　　　Schläfer; **R!**

Merkmale: 15—40 g; KR 6—9 cm, SL 5,5—7,5 cm, KH 1,5—1,8 cm; Oberseite haselnußbraun, Unterseite heller, weiches, dichtes Fell, Kehle und Brust weißlich, große Augen, mittlere, wenig behaarte Ohren, langer Schwanz, buschig behaart. **Fortpflanzung:** 3—4 nackte, blinde Junge, Tragzeit 26 Tage. **Nahrung:** Pflanzenfresser, Insekten, Schnecken, Spinnen. **Aktivität:** Dämmerung, nachtaktiv. **Lebensraum:** dichtbewachsenes Gelände, nicht an Haselstauden gebunden.

Beobachtet am:　　　　　　　**Ort:**

Wanderratte

Rattus norvegicus   Mäuse

Merkmale: 275—580 g; KR 20—27 cm, SL 17—23 cm, KH 3,8—4,5 cm; graubraun mit heller Unterseite, spitze Schnauze, große Augen, nackte Ohren, Schwanz mit 160—190 Ringeln. **Fortpflanzung:** IV—X, 3—6 Würfe, 6—10 nackte Nestlinge, TR 22—24 Tage. **Nahrung:** Räuber von Tieren bis Hühnergröße, Aas. **Lebensdauer:** 7 Jahre. **Lebensraum:** in Sippen, folgt Siedlungen.

Beobachtet am: *Norderney*

Ort:

Feldmaus

Microtus arvalis   Wühler

Merkmale: 20—50 g; KR 9—13 cm, SL 3—4,5 cm, KH 1,4—2 cm; Oberseite braungrau, Unterseite heller (gelblich), kleine Augen, Ohren innen behaart, 4/5 Zehen.
Fortpflanzung: 3—7 Würfe, 4—13 Junge, TR 16—24 Tage.
Nahrung: Gräser, verschiedene Früchte. **Lebensdauer:** 2—3 Jahre. **Lebensraum:** offene Gelände.

Beobachtet am:

Ort:

Hamster

Cricetus cricetus   Wühler

Merkmale: 150–500 g; KR 20–30 cm, SL 3–6 cm, KH 3,5–4 cm; Oberseite braun, Flanken rotbraun, Unterseite schwarz, weiß an Wangen, Schnauze, Ohrenrand, Halsseiten, Schultern, Pfoten; braune Augen, große Ohren, große Backentaschen, 5/5 Zehen. **Fortpflanzung:** IV–VIII, 2–3 Würfe, 4–10 nackte Junge, TR 20 Tage. **Nahrung:** Früchte, Samen, kleine Tiere. **Lebensdauer:** 10 Jahre. **Lebensraum:** Erdbauten in Löß und Lehm.

Beobachtet am: **Ort:**

Fuchs

Vulpes vulpes Hunde

Merkmale: 4—10 kg; KR 60—77 cm, SL 32—53 cm, KH 35—40 cm; dichtes, weiches Fell, Unterseite weiß, oft auch die Schwanzspitze, spitze Schnauze mit schwarzer Nase, hellbraune Augen, große Ohren, hinten schwarz, buschiger, schwärzlicher Schwanz. **Fortpflanzung:** Tragzeit 51 Tage, 3—5 Junge, blind und wollig. **Nahrung:** Allesfresser, vor allem Mäuse. **Lebensdauer:** 10—12 Jahre. **Lebensraum:** überall.

Beobachtet am: Ort:

363

Dachs
Meles meles Marder

Merkmale: 10—18 kg; KR 60—70 cm, SL 15—20 cm, KH 30 cm; silbergrau durch dunkle Grannen und helle Unterwolle, Unterseite schwarz, Kopf weiß, bis auf breiten Augenstreifen von der Nase zum Ohr, kurze Beine, kurzer Schwanz, Nase spitz, kleine Ohren, lange Krallen. **Fortpflanzung:** Keimruhe, 7—13 Monate Tragzeit, 3—5 kleine, nackte, blinde Junge, **Nahrung:** Allesfresser. **Lebensweise:** selbstgegrabener Bau, Harn/Kot in eigene Aborte, Lebensehe, Paßgänger, geräuschvoll, im Winter längere Ruhezeit. **Lebensraum:** Laub- und Mischwälder, Parks. **Beobachtet am:** Ort:

Baummarder

Martes martes   Marder

Merkmale: 1000—2500 g; KR 42—52 cm, SL 22—27 cm, KH 15 cm; dunkelbraunes, dichtes Fell, gelbliche Unterwolle, dottergelber Kehlfleck, hohe, runde Ohren mit gelblichem Rand, Nase schwarz, lange Haare zwischen den Ballen. **Fortpflanzung:** Eiruhe, daher 260—305 Tage Tragzeit, 2—4 blinde, fast nackte Junge. **Nahrung:** Eichhörnchen und andere Kleinsäuger, Vögel, Eier, Beeren. **Lebensdauer:** 10—12 Jahre. **Lebensraum:** große, zusammenhängende Wälder.

Beobachtet am: **Ort:**

Steinmarder

Martes foina   Marder

Merkmale: 1,3—2,3 kg; KR 42—50 cm, SL 23—26 cm, KH 12 cm; Unterwolle grauweiß mit hellbraunen Grannen, Kehle und Brust weiß, dreieckiger Kopf und Ohren, kleine Augen. **Fortpflanzung:** TR 60 Tage, 3—5 Junge, blind, fast nackt. **Nahrung:** Allesfresser. **Lebensdauer:** 10—12 Jahre. **Lebensraum:** Siedlungsfolger, deckungsreiches Gelände.

Beobachtet am:

Ort:

Hermelin

Mustela erminea Marder

Merkmale: 125-445 g; KR 22—31 cm, SL 8-12 cm, KH 4—5 cm; Winterkleid reinweiß mit schwarzer Schwanzspitze, Sommerkleid oberseits braun, unterseits scharf abgegrenzt weiß, Körper langgestreckt, Kopf flach, Ohren kurz mit weißlichem Rand, kurze Beine. **Fortpflanzung:** mit Eiruhe 8—13 Monate Tragzeit, sonst 2 Monate; 4—7 fast nackte Junge, öffnen nach 4 Wochen die Augen. **Nahrung:** Mäuse, Kleinvögel, Insekten. **Lebensdauer:** 10 Jahre. **Lebensraum:** waldreiche Gegend.

Beobachtet am: **Ort:**

Wildkatze

Felis sylvestris Katzen; **ganzjährig geschützt!** R2

Merkmale: ♂ 80—90 cm; bis 8000 g; größer als Hauskatze, Fell gelbgrau gestreift, Schwanz (Rute) länger als der Kopf (30 cm), stumpf, mit 3 deutlichen schwarzen Ringen; Nase fleischfarben. **Fortpflanzung:** TR 63 Tage, 3—5 Junge in Versteck, 9 Tage blinde Nesthocker. **Nahrung:** Kleinsäuger bis Hasengröße. **Lebensdauer:** 12—15 Jahre. **Lebensraum:** ausgedehnte Wälder in Mittellagen.

Beobachtet am:

Ort:

Wildschwein

Sus scrofa Schweine

Merkmale: 35—350 kg; KR 110—180 cm, SL 15—20 cm, KH 85—115 cm; dichtes graubraunes Haarkleid mit dichter Unterwolle, Junge mit gelblichen Querstreifen, kleine Augen, nackte Rüsselscheibe, große, spitze Ohren, Schwanz mit Quaste, scharfe Eckzähne. **Fortpflanzung:** TR 16—17 Wochen, IV—V, 4—12 sehende Laufjunge. **Nahrung:** Allesfresser. **Lebensdauer:** 25—30 Jahre. **Lebensraum:** bewachsenes Gelände mit Wasser.

Beobachtet am: Ort:

Gemse

Rupicapra rupicapra   Hornträger

Merkmale: 15—60 kg; KR 110—130 cm, SL 10—15 cm, KH 70—85 cm; im Sommer rotbraun mit schwarzem Aalstrich, dunklem Wangenstreifen, Unterseite dunkel, ebenso Läufe, lange Ohren, schmal, Hörner bei beiden Geschlechtern, senkrecht nach oben mit nach hinten gehakten Spitzen, im Winter Fell schwarzbraun mit heller Unterseite, weißer Spiegel, stark spreizbare Schalen mit starken Schalenrändern und gummiartigen Ballen. **Fortpflanzung:** 23 Wochen Tragzeit, meist 1 Laufjunges. **Nahrung:** Gras, Kräuter. **Lebensdauer:** 12—18 Jahre. **Lebensraum:** Hochgebirge.
Beobachtet am: **Ort:**

Steinbock ♂

Capra ibex   Hornträger; **R**3

Merkmale: 40—110 kg; KR 105—160 cm, SL 12—15 cm, KH 70—90 cm; graubraun bis braun, beide Geschlechter mit Hörnern, ♂ bis 100 cm, 15 kg, mit Wülsten, Geiß kleinere Hörner, werden nicht abgeworfen. **Fortpflanzung:** Tragzeit 21—23 Wochen, 1—2 sehende, kräftige Junge mit Aalstrich am Rücken. **Nahrung:** Gras, Kräuter, Flechten. **Lebensdauer:** 12—15 Jahre. **Lebensraum:** Hochalpen.

Beobachtet am:

Ort:

Reh ♀

Capreolus capreolus   Hirsche

Merkmale: 15—20 kg; KR 100—140 cm, SL 1—2 cm, KR 60—90 cm; Sommerfell rotbraun mit gelbweißem Spiegel, Winterfell graubraun mit weißem Spiegel, Ohren lanzettlich, Nase schwarz, mittlere Augen; ♂ mit Geweih, das jährlich erneuert wird, kurz, während der Bildung von durchbluteter Haut überzogen, Fegen; Kitz gefleckt. **Fortpflanzung:** durch die Eiruhe 7 Monate Tragzeit, 1—2 Junge, lauffähig, sehend. **Nahrung:** Gras, Kräuter, Pilze, Flechten, Moose, Obst. **Lebensdauer:** 15 Jahre. **Lebensraum:** lockere Wälder.
Beobachtet am: **Ort:** Hand

Rothirsch ♂

Cervus elaphus   Hirsche

Merkmale: 95—350 kg; KR 160—250 cm, SL 12—15 cm, KH 90—150 cm; glattes, rotbraunes Sommerfell mit sandfarbenem Spiegel, Winterfell graubraun, in der Brunftzeit ♂ mit Halsmähne, Nase schwarz, lanzettliche Ohren, mittlere Augen, ♂ trägt Geweih, das jährlich erneuert und vergrößert wird, wird im Sommer gefegt, d. h. von der Haut befreit.
Fortpflanzung: 33—34 Wochen Tragzeit, 1 Laufjunges.
Nahrung: Gras, Kräuter, Pflanzenteile, Pilze. **Lebensdauer:** 12—15 Jahre, manchmal älter. **Lebensraum:** Wälder, Parks, Auen.
Beobachtet am: **Ort:** Hard

Register Pflanzen
Deutsche Namen

	Seite
Adonisröschen,	
Sommer-	112
Adlerfarn	62
Ahorn, Berg-	166
Alpenaurikel	89
Alpenfettkraut	74
Alpenglöckchen	101
Alpenmohn	84
Alpenrose, Rostblättrige	152
Anis-Champignon,	
Dünnfleischiger	40
Arnika	92
Bärenklau, Wiesen-	72
Beinwell	109
Berberitze	146
Birke	168
Birkenpilz	21
Brennessel	96
Brombeere	141
Dickfuß, Lila	46
Diptam	124
Eberesche	161
Edelkastanie	171
Edelweiß	76
Eibe	176
Eiche	172
Einbeere	97
Eisenhut, Blauer	99
Enzian, Stengelloser	106
Erdrauch	114
Esche	175
Etagenmoos	59
Faltentintling	41
Feldulme	174
Felsenbirne	139
Felsenröschen,	
Niederes	153
Feuerlilie	128
Fichte, Gemeine	182
Fieberklee	73
Fingerhut, Roter	122
Flaschenstäubling	53
Fliegenpilz	32

	Seite
Föhre	179
Frauentäubling	49
Frühjahrslorchel	10
Gänseblümchen	75
Gänsefingerkraut	85
Gallenröhrling	20
Gemsenbinse	134
Glockenblume,	
Scheuchzers	111
Goldröhrling	14
Habichtspilz	25
Hallimasch	28
Hartriegel	148
Haselnuß	151
Hauhechel, Dorniger	117
Hauswurz, Berg-	120
Heckenrose	142
Herbstzeitlose	126
Hexenröhrling,	
Netzstieliger	17
Himbeere	140
Hirschzungenfarn	63
Hohlfußröhrling	13
Holunder, Schwarzer	157
Holzritterling, Rötlicher	27
Hornklee	87
Huflattich	91
Isländisch Moos	57
Johanniskraut	90
Kaiserling	33
Klatschmohn	113
Knabenkraut,	
Geflecktes	129
Knoblauchschwindling	29
Knollenblätterpilz,	
Grüner	35
Knollenblätterpilz,	
Weißer	36
Küchenschelle, Berg-	98
Kuhmaul	52
Lärche	177
Lichtnelke, Kuckucks-	118
Lichtnelke, Rote	119

Liguster	156
Linde	165
Löwenzahn	94
Lungenkraut	108
Maiglöckchen	80
Malve	125
Margerite	78
Mauerraute	66
Mehlprimel	121
Narzisse, Weiße	81
Nebelkappe	26
Nelkenwurz, Bach-	115
Pantherpilz	34
Parasolpilz	39
Perlpilz	38
Pestwurz, Rote	123
Petersbart, Berg-	86
Pfaffenhütchen	147
Pfifferling, Echter	23
Platane	164
Porphyrröhrling	12
Preiselbeere	154
Reifpilz	47
Reizker, Echter	51
Riesenbovist	54
Rißpilz, Spitzkegeliger	45
Rohrkolben, Breitblättriger	136
Roßkastanie	167
Rotbuche	170
Rotfußröhrling	15
Rotkappe	22
Salweide	163
Sanddorn	145
Satanspilz	19
Schachtelhalm, Acker-	60
Schachtelhalm, Wald-	61
Schafgarbe	77
Scharbockskraut	83
Scheidenstreifling, Brauner	31
Schlehe	143
Schlüsselblume, Hohe	88
Schneeball, Gemeiner	159
Schneeheide	155
Schönfußröhrling	18
Schopftintling	42
Schwarzerle	169
Schwarzkiefer	178
Schwefelkopf Grünblättriger	43
Seidelbast	144
Silberdistel	79
Silberwurz	71
Speisemorchel	11
Speitäubling	50
Spitzwegerich	95
Steinbrech, Roter	116
Steinpilz	16
Stinkmorchel	55
Stockschwämmchen	44
Storchenschnabel, Wiesen-	105
Straußfarn	64
Straußgras	132
Streifenfarn, Braunstieliger	65
Sumpfdotterblume	82
Täubling, Grüngefeldeter	48
Tanne, Weiß-	181
Tollkirsche	103
Torfmoos	58
Traubenholunder	158
Traubenkirsche	160
Trompetenpfifferling	24
Türkenbund	127
Veilchen, Wohlriechendes	100
Vergißmeinnicht, Sumpf-	107
Wacholder	138
Walderdbeere	70
Walnuß	173
Wegwarte	110
Weide, Netzblättrige	150
Weide, Stumpfblättrige	149
Weißdorn	162
Wiesenbocksbart	93
Wiesenfuchsschwanz	133
Wiesenglockenblume	104
Wiesenknäuelgras	131
Wiesensalbei	102
Winterrübling	30
Wollgras, Scheuchzers	135
Wulstling, Grauer	37
Zirbe	180
Zittergras	130

Register Pflanzen
Wissenschaftliche Namen

	Seite
Abies alba	181
Acer pseudoplatanus	166
Achillea millefolium	77
Aconitum napellus	99
Adonis aestivalis	112
Aesculus hippocastanum	167
Agaricus silvicola	40
Agrostis tenuis	132
Alnus glutinosa	169
Alopecurus pratensis	133
Amanita caesarea	33
Amanita muscaria	32
Amanita pantherina	34
Amanita phalloides	35
Amanita rubescens	38
Amanita spissa	37
Amanita umbrinolutea	31
Amanita verna	36
Amelanchier ovalis	139
Armillariella mellea	28
Arnica montana	92
Asplenium ruta-muraria	66
Asplenium trichomanes	65
Atropa belladonna	103
Bellis perennis	75
Berberis vulgaris	146
Betula pendula	168
Boletinus cavipes	13
Boletus calopus	18
Boletus edulis	16
Boletus luridus	17
Boletus satanas	19
Briza media	130
Caltha palustris	82
Campanula patula	104
Campanula scheuchzeri	111
Cantharellus cibarius	23
Cantharellus tubaeformis	24
Carlina acaulis	79
Castanea sativa	171
Cetraria islandica	57

	Seite
Cichorium intybus	110
Clitocybe nebularis	26
Colchicum autumnale	126
Convallaria majalis	80
Coprinus atramentarius	41
Coprinus comatus	42
Cornus sanguinea	148
Cortinarius traganus	46
Corylus avellana	151
Crataegus monogyna	162
Dactylis glomerata	131
Daphne mezereum	144
Dictamnus albus	124
Digitalis purpurea	122
Dryas octopetala	71
Equisetum arvense	60
Equisetum silvaticum	61
Eriophorum scheuchzeri	135
Erica carnea	155
Euonymus europaea	147
Fagus sylvatica	170
Flammulina velutipes	30
Fragaria vesca	70
Fraxinus excelsior	175
Fumaria officinalis	114
Gentiana acaulis	106
Geranium pratense	105
Geum montanum	86
Geum rivale	115
Gomphidius glutinosus	52
Gyromitra esculenta	10
Heracleum sphondylium	72
Hippophaë rhamnoides	145
Hylocomium splendens	59
Hypericum perforatum	90
Hypholoma fasciculare	43
Inocybe fastigiata	45
Juglans regia	173
Juncus jaquinii	134
Juniperus communis	138
Kuehneromyces mutabilis	44

Lactarius deliciosus	51
Langermannia gigantea	54
Larix decidua	177
Leccinum scabrum	21
Leccinum versipelle	22
Leontopodium alpinum	76
Leucanthemum vulgare	78
Ligustrum vulgare	156
Lilium bulbiferum	128
Lilium martagon	127
Loiseleuria procumbens	153
Lotus corniculatus	87
Lychnis flos-cuculi	118
Lycoperdon perlatum	53
Macrolepiota procera	39
Malva sylvestris	125
Marasmius scorodonius	29
Matteuccia struthiopteris	64
Menyanthes trifoliata	73
Morchella esculenta	11
Myosotis palustris	107
Narcissus radiiflorus	81
Ononis spinosa	117
Orchis maculata	129
Papaver alpinum ssp. rhaeticum	84
Papaver rhoeas	113
Paris quadrifolia	97
Petasites hybridus	123
Phallus impudicus	55
Phyllitis scolopendrium	63
Picea abies	182
Pinguicula alpina	74
Pinus cembra	180
Pinus nigra	178
Pinus sylvestris	179
Plantago lanceolata	95
Platanus x acerifolia	164
Porphyrellus porphyrosporus	12
Potentilla anserina	85
Primula auricula	89
Primula elatior	88
Primula farinosa	121
Prunus padus	160
Prunus spinosa	143
Pteridium aquilinum	62
Pulmonaria officinalis	108
Pulsatilla montana	98
Quercus robur	172
Ranunculus ficaria	83
Rhododendron ferrugineum	152
Rosa canina	142
Rozites caperata	47
Rubus fruticosus	141
Rubus idaeus	140
Russula cyanoxantha	49
Russula emetica	50
Russula virescens	48
Salix caprea	163
Salix reticulata	150
Salix retusa	149
Salvia pratensis	102
Sambucus nigra	157
Sambucus racemosa	158
Sarcodon imbricatum	25
Saxifraga oppositifolia	116
Sempervivum montanum	120
Silene dioica	119
Soldanella alpina	101
Sphagnum palustre	58
Sorbus aucuparia	161
Suillus grevillei	14
Symphytum officinale	109
Taraxacum officinale	94
Taxus baccata	176
Tilia cordata	165
Tragopogon pratensis	93
Tricholomopsis rutilans	27
Tussilago farfara	91
Tylopilus felleus	20
Typha latifolia	136
Ulmus minor	174
Urtica dioica	96
Vaccinium vitis-idaea	154
Viburnum opulus	159
Viola odorata	100
Xerocomus chrysenteron	15

Register Tiere
Deutsche Namen

	Seite
Admiral	255
Alpenapollo	243
Alpenbockkäfer	222
Alpendohle	337
Alpenmolch	272
Alpensalamander	271
Amsel	324
Aurorafalter	248
Austernfischer	305
Azurjungfer, Hufeisen-	206
Bachforelle	269
Bachstelze	317
Bär, Brauner	239
Baumpieper	318
Baummarder	365
Baumschläfer	357
Biene	205
Bläßhuhn	303
Bläuling, Silbergrüner	257
Blaumeise	330
Blindschleiche	280
Brachvogel, Großer	307
Buchdrucker	225
Buchfink	347
Buntspecht, Großer	316
C-Falter	254
Dachs	364
Distelfalter	252
Drosselrohrsänger	326
Edelkrebs	201
Eichelhäher	339
Eichenbock	223
Eichhörnchen	356
Eiderente	296
Eisvogel	314
Elster	338
Erdhummel	230
Erdkröte	275
Feldhase	354
Feldhummel	229

	Seite
Feldmaikäfer	219
Feldmaus	361
Feldspitzmaus	351
Feldwespe	231
Feuersalamander	270
Flußbarsch	266
Fuchs	363
Fuchs, Kleiner	250
Gabelschwanz, Großer	236
Gänsesäger	295
Gartengrasmücke	327
Gartenrotschwanz	321
Gelbbauchunke	276
Gemse	370
Gimpel	345
Goldlaufkäfer	215
Gottesanbeterin	209
Grasfrosch	277
Grashüpfer, Gemeiner	211
Graugans	292
Graureiher	288
Habicht	300
Hänfling	344
Hainbänderschnecke	189
Hamster	362
Haselmaus	359
Haubenlerche	315
Haubentaucher	287
Hausrotschwanz	322
Haussperling	342
Hecht	265
Hermelin	367
Hirschkäfer	217
Höckerschwan	291
Höhlenspinne	194
Holzschlupfwespe	227
Holzwespe, Riesen-	226
Hornisse	232
Hornotter	285
Igel	349
Kaisermantel	256

Kaninchen	353
Kartoffelkäfer	223
Kellerassel	200
Kernbeißer	346
Kiebitz	306
Kleiber	332
Kohlmeise	329
Kohlschnake	259
Kohlweißling, Großer	246
Kolkrabe	335
Krabbenspinne	198
Kreuzotter	283
Kreuzspinne	196
Krickente	294
Küstenseeschwalbe	309
Laubfrosch, Europ.	273
Lederlaufkäfer	214
Listspinne	197
Mäusebussard	297
Marienkäfer	220
Maulwurf	350
Maulwurfsgrille	210
Mönch, Brauner	238
Mönchsgrasmücke	328
Mondvogel	235
Mosaikjungfer, Blaugrüne	207
Murmeltier	355
Nachtpfauenauge	242
Nachtpfauenauge, Wiener	241
Neuntöter	334
Nonne	237
Ohrenkneifer	208
Posthornschnecke	187
Pirol	333
Rauchschwalbe	313
Regenwurm	192
Reh	372
Rinderbremse	261
Ringelnatter	284
Rosenkäfer	218
Rothirsch	373
Rotkehlchen	323
Saatkrähe	336
Schachbrettfalter	249
Schleiereule	312
Schmeißfliege	263

Schnurfüßler	203
Schwalbenschwanz	245
Schwarzmilan	298
Schwarzstorch	290
Schwebefliege	262
Segelfalter	244
Siebenschläfer	358
Silbermöwe	308
Singdrossel	325
Skorpionfliege	258
Smaragdeidechse	281
Sperber	301
Spiegelkarpfen	267
Spitzschlammschnecke	186
Star	341
Stechmücke	260
Steinadler	299
Steinbock	371
Steinkauz	311
Steinläufer	202
Steinmarder	366
Stichling, Dreistachliger	268
Stieglitz	343
Stockente	293
Sumpfschildkröte, Europ.	279
Tagpfauenauge	251
Tannenhäher	340
Tannenmeise	331
Teichhuhn	304
Teichmuschel	191
Totengräber	216
Totenkopf	240
Trauermantel	253
Türkentaube	310
Turmfalke	302
Waldameise	228
Wanderratte	360
Wasseramsel	319
Wasserflorfliege	213
Wasserfrosch	278
Wasserläufer	212
Weberknecht	193
Wechselkröte	274
Wegschnecke, Rote	190
Weinbergschnecke	188
Weißstorch	289
Wespe, Deutsche	233

Wespenbockkäfer	221
Wespenspinne	195
Widderchen	234
Wildkatze	368
Wildschwein	369
Zauneidechse	282
Zaunkönig	320
Zebraspringspinne	199
Zitronenfalter	247
Zwergfledermaus	352

Register Tiere
Wissenschaftliche Namen

Acanthis cannabina	344
Accipiter gentilis	300
Accipiter nisus	301
Acherontia atropos	240
Acrocephalus arundinaceus	326
Aeschna cyanea	207
Aglais urticae	250
Alcedo atthis	314
Anas crecca	294
Anas platyrhynchos	293
Anguis fragilis	280
Anodonta cygnaea	191
Anser anser	292
Anthocharis cardamines	248
Anthus trivialis	318
Apis mellifica	205
Aquila chrysaetos	299
Araneus diadematus	196
Arctia caja	239
Ardea cinerea	288
Argynnis paphia	256
Argyope bruennichi	195
Arion rufus	190
Astacus astacus	201
Athene noctua	311
Bombina variegata	276
Bombus agrorum	229
Bombus terrestris	230
Bufo bufo	275
Bufo viridis	274
Buteo buteo	297
Calliphora vicina	263
Capra ibex	371
Capreolus capreolus	372
Carabus auratus	215
Carabus coriaceus	214

Carduelis carduelis	343
Cepaea nemoralis	189
Cerambyx cerdo	223
Cerur vinula	236
Cervus elaphus	373
Cetonia aurata	218
Chorthippus biguttulus	211
Ciconia ciconia	289
Ciconia nigra	290
Cinclus cinclus	319
Coccinella septempunctata	219
Coccothraustes coccothraustes	346
Coenagrion puella	206
Corvus corax	335
Corvus frugilegus	336
Cricetus cricetus	362
Cucullia verbasci	238
Culex pipiens	260
Cygnus olor	291
Cyprinus carpio	267
Dolomedes fimbriatus	197
Dryomys nitedula	357
Emys orbicularis	279
Episyrphus balteatus	262
Erinaceus europaeus	349
Erithacus rubecula	323
Esox lucius	265
Falco tinnunculus	302
Felis sylvestris	368
Forficula auricularia	208
Formica rufa	228
Fringilla coelebs	347
Fulica atra	303
Galerida cristata	315
Gallinula chloropus	304

Garrulus glandarius	339	Nymphalis antiopa	253
Gasterosteus aculeatus	268	Oriolus oriolus	333
Gerris lacustris	212	Oryctolagus cuniculus	353
Glis glis	358	Panorpa communis	258
Gonepteryx rhamni	247	Papilio machaon	245
Gryllotalpa gryllotalpa	210	Paravespula germanica	233
Haematopus ostralegus	305	Parnassius phoebus	243
Helix pomatia	188	Parus ater	331
Hirundo rustica	313	Parus caeruleus	330
Hyla arborea	273	Parus major	329
Inachis io	251	Passer domesticus	342
Iphiclides podalirius	244	Perca fluviatilis	266
Ips typographus	225	Phalangium opilio	193
Lacerta agilis	282	Phalera bucephala	235
Lacerta viridis	281	Phoenicurus ochruros	322
Lanius collurio	334	Phoenicurus	
Larus argentatus	307	phoenicurus	321
Leptinotarsa		Pica pica	338
decemlineata	224	Picoides major	316
Lepus capensis	354	Pieris brassicae	246
Larus argentatus	307	Pipistrellus pipistrellus	352
Lithobius forficatus	202	Plagionotus arcuatus	221
Lucanus cervus	217	Planorbis corneus	187
Lumbricus terrestris	192	Podiceps cristatus	287
Lymantria monacha	237	Polistes gallicus	231
Lymnaea stagnalis	186	Polygonia c-album	254
Lysandra coridon	257	Porcellio scaber	200
Mantis religiosa	209	Pyrrhocorax graculus	337
Marmota marmota	355	Pyrrhula pyrrhula	345
Martes martes	365	Rana esculenta	278
Martes foina	366	Rana temporaria	277
Melanargia galathea	249	Rattus norvegicus	360
Meles meles	364	Rhyssa persuasoria	227
Melolontha melolontha	219	Rosalia alpina	221
Mergus merganser	295	Rupicapra rupicapra	370
Microtus arvalis	361	Salamandra atra	271
Milvus migrans	298	Salamandra salamandra	270
Misumena vatia	198	Salmo trutta fario	269
Motacilla alba	317	Salticus scenius	199
Muscardinus		Saturnia pavonia	242
avellanarius	359	Saturnia pyri	241
Mustela erminea	367	Schizophyllum	
Natrix natrix	284	sabulosum	203
Necrophorus		Sciurus vulgaris	356
vespilloides	216	Sialis flavilatera	213
Nesticus cellulanus	194	Sitta europaea	332
Nucifraga caryocatactes	340	Somateria mollissima	296
Numenius arquata	307	Serex araneus	351

Sterna paradisea	309	Turdus philomelos	325
Streptopelia decaocto	310	Tyto alba	312
Sturnus vulgaris	341	Urocerus gigas	226
Sus scrofa	369	Vanellus vanellus	306
Sylvia atricapilla	328	Vanessa atalanta	255
Sylvia borin	327	Vanessa cardui	252
Tabanus bovinus	261	Vespa crabro	232
Talpa europaea	350	Vipera ammodytes	285
Tipula oleracea	259	Vipera berus	283
Triturus alpestris	272	Vulpes vulpes	363
Troglodytes troglodytes	320	Zygaena filipendulae	234
Turdus merula	324		

Bildnachweis/Farbfotos:
Alpenzoo/Ilsinger: 293, 295, 299 o., 365, 370 · Archiv Alpenzoo: 269, 271, 272, 276, 284, 285, 358 · Bernardinatti: 25 · Bildagentur Dr. Wagner: 42, 78, 80, 92, 94, 101, 106, 107, 152, 188, 349, 371, 373 · Bildarchiv Fiebrandt: 71, 79, 82, 84, 88, 89, 93, 104, 111, 114, 126, 128, 129, 135 · Brüßler: 120, 134 · Geissler: 86, 150 · Großruck: 151 o. r., 159 u. r., 167 u. r., 170 u., 173, 177 u. · Haas: 6, 76 · Hage: 149, 153, · Ilsinger: 311, 356 · Limbrunner A.: 4, 11, 32, 38, 53, 57—66, 70, 72, 74, 75, 77, 81, 83, 87, 90, 91, 97—99, 102, 103, 105, 109, 110, 112, 113, 116, 117, 119, 121, 122, 124, 125, 127, 130—133, 136, 138, 139, 141, 142, 145, 146, 148, 151 l., 151 u. r., 154—158, 159 o., 159 u. l., 160—166, 167 l., 167 o. r., 168, 169, 170 o., 171, 172, 174—176, 177 o., 178—183, 186, 187, 189—195, 198—203, 205, 207—210, 214—263, 270, 273, 274, 277—283, 287—291, 294, 296—298, 299 u., 300—308, 310, 312—321, 323—326, 329—347, 350—355, 357, 359—364, 366—369, 372 · Limbrunner H.: 73, 96, 100, 108, 115, 118, 123, 143, 144, 147, 196, 197, 206, 211—213, 275, 292 · Nusser: 10, 12, 13, 15—20, 24, 26, 27, 31, 33, 35, 41, 43—51, 54 · Schmidt: 29, 40, 95, 140, 328 · Schulze: 327 · Thien: 14, 22, 23, 28, 34, 36, 37, 39, 52, 55 · Zeininger: 21, 30, 85, 265—268, 309, 322.